ESTE LIBRO PERTENECE A:

*Fortalecidos en la verdad
que se les enseñó*

3

COLOSENSES 2:7

Un instrumento comprobado para hacer discípulos

DANDO FRUTO

en la familia de Dios

navigators™
Church Ministries

NavPress

Un recurso de NavPress publicado por
Tyndale House Publishers

NavPress es el ministerio editorial de Los Navegantes, una organización cristiana internacional y líder en el desarrollo espiritual. NavPress está dedicada a ayudar a la gente a crecer espiritualmente y a disfrutar de vidas con propósito y esperanza, mediante recursos personales y de grupo que están fundamentados en la Biblia, que son culturalmente pertinentes y altamente prácticos.

Para más información, visite NavPress.com.

Dando fruto en la familia de Dios: Un curso de discipulado para fortalecer su caminar con Dios

Un recurso de NavPress publicado por Tyndale House Publishers

Originally published in the U.S.A. under the title *Bearing Fruit in God's Family*. Copyright © 1974, 1978 by The Navigators. Revised edition © 1987. Second revised edition © 2011. All rights reserved.
Spanish edition © 2017 by Tyndale House Publishers, with permission of NavPress. All rights reserved.

Originalmente publicado en inglés en EE. UU. bajo el título *Bearing Fruit in God's Family*. © 1974, 1978 por The Navigators. Edición actualizada © 1987. Segunda edición actualizada © 2011. Todos los derechos reservados.
Edición en español © 2017 por Tyndale House Publishers, con permiso de NavPress. Todos los derechos reservados.

NAVPRESS es una marca registrada de NavPress, The Navigators, Colorado Springs, CO. El logotipo de NAVPRESS, *Navigator Church Ministries* y el logotipo de Navigator Church Ministries son marcas de NavPress, The Navigators. *TYNDALE* es una marca registrada de Tyndale House Publishers. La ausencia del símbolo ® con relación a las marcas de NavPress u otras partes no indica ausencia del registro de esas marcas.

Traducción al español: Mayra Urízar de Ramírez

Fotografía de las uvas en la portada: © Alasdair Elmes/Unsplash.com. Todos los derechos reservados.

El texto bíblico sin otra indicación ha sido tomado de la *Santa Biblia*, Nueva Traducción Viviente, © 2010 Tyndale House Foundation. Usado con permiso de Tyndale House Publishers, 351 Executive Dr., Carol Stream, IL 60188, Estados Unidos de América. Todos los derechos reservados. Versículos bíblicos indicados con NVI han sido tomados de la Santa Biblia, *Nueva Versión Internacional*, NVI. © 1999 por Biblica, Inc.® Usado con permiso. Todos los derechos reservados mundialmente. Versículos bíblicos indicados con RVR60 han sido tomados de la versión ReinaValera © 1960 Sociedades Bíblicas en América Latina. Renovado © Sociedades Bíblicas Unidas, 1988. Usado con permiso. Reina-Valera 1960® es una marca registrada de las Sociedades Bíblicas Unidas y puede ser usada solo bajo licencia. Versículos bíblicos indicados con RVA-2015 han sido tomados de la versión Reina Valera Actualizada © 2015 por Editorial Mundo Hispano. Versículos bíblicos indicados con LBLA han sido tomados de LA BIBLIA DE LAS AMERICAS®, © 1986, 1995, 1997 por The Lockman Foundation. Usado con permiso. Todos los derechos reservados. Versículos bíblicos indicados con DHH han sido tomados de *Dios habla hoy*®, Tercera edición © 1966, 1970, 1979, 1983, 1996 Sociedades Bíblicas Unidas. Usado con permiso. Versículos bíblicos indicados con TLA han sido tomados de la Traducción en lenguaje actual © 2000 Sociedades Bíblicas Unidas. Usado con permiso. Versículos bíblicos indicados con BLPH han sido tomados de La Palabra, (versión hispanoamericana) © 2010 Texto y Edición, Sociedad Bíblica de España. Usado con permiso. Versículos bíblicos indicados con NBD han sido tomados de La Santa Biblia, Nueva Biblia al Dia © 2006, 2008 por Biblica, Inc.® Usado con permiso. Todos los derechos reservados mundialmente.

Algunas de las historias anecdóticas de este libro son de la vida real y se incluyen con el permiso de las personas involucradas. Todas las demás ilustraciones son una combinación de situaciones reales, y cualquier parecido con personas vivas o fallecidas es pura coincidencia.

Para información acerca de descuentos especiales para compras al por mayor, por favor contacte a Tyndale House Publishers a través de espanol@tyndale.com.

ISBN 978-1-63146-724-0

Impreso en Estados Unidos de América
Printed in the United States of America

26 25 24 23 22
7   6

AGRADECIMIENTO

Estamos agradecidos por los esfuerzos dedicados de Ron Oertli, quien originó el concepto de LA SERIE 2:7 y es su autor principal. Ron es también la persona clave responsable de esta edición actualizada. Esta estrategia de entrenamiento en el discipulado comenzó en Denver en 1970 y continúa siendo muy eficaz en muchas partes alrededor del mundo.

CONTENIDO

MI REGISTRO DE TAREAS COMPLETADAS

A medida que completa cada punto, pídale a alguien de su grupo que rubrique ese punto con sus iniciales y la fecha.

PASAJE BÍBLICO DE MEMORIA	INICIALES	FECHA
Versículos requeridos: «Proclame a Cristo»		
«Todos hemos pecado»—Romanos 3:23		
«La paga del pecado»—Romanos 6:23		
«Cristo dio la paga»—Romanos 5:8		
«Salvación no por obras»—Efesios 2:8-9		
«Necesidad de recibir a Cristo»—Juan 1:12		
«Garantía de la salvación»—1 Juan 5:13		
Versículos recomendados pero opcionales: «Proclame a Cristo»		
«Todos hemos pecado»—Isaías 53:6		
«La paga del pecado»—Hebreos 9:27		
«Cristo dio la paga»—1 Pedro 3:18		
«Salvación no por obras»—Tito 3:5		
«Necesidad de recibir a Cristo»—Romanos 10:9-10		
«Garantía de la salvación»—Juan 5:24		
Citó los 6 versículos requeridos de «Proclame a Cristo»		
Citó los 12 versículos de «Proclame a Cristo»		
Citó los versículos de «Viva la vida nueva» del libro 2		
Repasó los versículos de «Viva la vida nueva» durante 14 días consecutivos		
TIEMPO A SOLAS		
Completó *Los puntos sobresalientes de mi lectura* durante 14 días consecutivos		
TESTIMONIO		
Se identificó con Cristo en una actividad social (páginas 19-20)		
Contó «Mi historia», con o sin notas, en menos de 4 minutos		
Usó el listado de oración por la evangelización durante 7 días consecutivos		
Dio «La ilustración del puente»:		

Bosquejo		
«Presentación de conferencia 1»		
«Presentación de conferencia 2»		
ESTUDIO BÍBLICO		
Sesión 3—El llamado a una vida fructífera (páginas 28-35)		
Sesión 4—La evangelización a través de relaciones personales (páginas 38-41)		
Sesión 5—El amor en acción (páginas 44-50)		
Sesión 6—La pureza de vida (páginas 52-58)		
Sesión 8—La integridad en la vida (páginas 73-78)		
Sesión 11—El carácter en acción (páginas 95-101)		
OTROS		
Completó «Maneras de meditar en las Escrituras: Primera parte» (páginas 14-18)		
Completó «Maneras de meditar en las Escrituras: Segunda parte» (páginas 23-24)		
Completó «Análisis de versículo de Mateo 6:33» (páginas 79-82)		
Completó «Las prioridades: Primera parte» (páginas 82-86)		
Estudió «Las prioridades: Segunda parte» (páginas 89-94)		
REVISIÓN DEL LÍDER		
Se graduó de *Dando fruto en la familia de Dios* (libro 3)		

ABREVIATURAS DE LAS VERSIONES BÍBLICAS

A menos que se identifiquen de otra manera, las citas bíblicas son de la *Santa Biblia* Nueva Traducción Viviente. Puede consultar esta lista otra vez cuando encuentre abreviaturas de versiones bíblicas desconocidas.

- (BLPH) La Palabra (Hispanoamérica)
- (DHH) Dios Habla Hoy
- (LBLA) La Biblia de las Américas
- (NBD) Nueva Biblia al Día
- (NTV) Nueva Traducción Viviente
- (NVI) Nueva Versión Internacional
- (RVR60) Reina-Valera 1960
- (RVA-2015) Reina Valera Actualizada
- (TLA) Traducción en lenguaje actual

SESIÓN 1

BOSQUEJO DE ESTA SESIÓN

1. Inicie la sesión con oración.
2. Examine el «Repaso de las metas del libro 2 de La Serie 2:7» (páginas 9-10).
3. Dele un vistazo previo al libro 3 leyendo *Mi registro de tareas completadas* (páginas 7-8).
4. Estudie la «Guía de memorización de las Escrituras—Semana 1» (páginas 10-12).
5. Lea «El *SMT* en el libro 3» (páginas 12-14).
6. Complete «Maneras de meditar en las Escrituras: Primera parte» (páginas 14-18).
   a. Escriba una paráfrasis de 2 Timoteo 3:16.
   b. Hágase preguntas sobre Hebreos 10:24-25.
7. Discuta el uso actual del listado de oración por la evangelización.
8. Lea y discuta «Cómo identificarse con Cristo abiertamente» (páginas 18-19).
9. Lea la «Tarea para la sesión 2» (página 19).
10. Termine la sesión con oración.

REPASO DE LAS METAS DEL LIBRO 2 DE LA SERIE 2:7

Las metas del libro 2 fueron:

1. Experimentar un tiempo a solas más constante y significativo al:
   a. Combinar la lectura bíblica significativa con la oración
   b. Lograr tener catorce tiempos a solas consecutivos durante el curso
   c. Anotar diariamente en *Los puntos sobresalientes de mi lectura* los pensamientos de su tiempo a solas y cómo le impresionaron
   d. Crecer en su habilidad de compartir los pensamientos clave del tiempo a solas con otros en el grupo
2. Citar sin errores los cinco o seis versículos de memoria que aprendió en el libro 1
3. Memorizar por lo menos seis versículos del *SMT* de «Viva la vida nueva», que se correlacionan con La ilustración de la rueda
4. Estudiar y discutir *Mi corazón, el hogar de Cristo* por Robert Boyd Munger

5. Experimentar un tiempo extenso con Dios después de leer y discutir el material acerca del tema

6. Completar cinco estudios bíblicos y discutir cada uno de ellos en su grupo 2:7

7. Contar «Mi historia» en menos de cuatro minutos, utilizando solamente un bosquejo en una ficha

8. Relacionarse con un amigo no cristiano a través de una actividad no espiritual

GUÍA DE MEMORIZACIÓN DE LAS ESCRITURAS— SEMANA 1

EXTRACTOS DEL *SISTEMA DE MEMORIZACIÓN POR TEMAS (SMT)*

Usted está en marcha

El libro 2 le dio un buen inicio con su aprendizaje de versículos valiosos sobre «Viva la vida nueva» del *Sistema de Memorización por Temas*. Ha comenzado a disfrutar algunos de los beneficios que la memorización de las Escrituras puede dar. Ahora querrá mantener su ímpetu mientras aborda los versículos sobre «Proclame a Cristo», versículos maravillosos que puede usar mientras comparte su fe.

Durante este curso, usted volverá a ver sugerencias útiles para la memorización en las guías de memorización de las Escrituras cada semana. Las secciones «Acerca de los versículos» y «Su plan semanal» contribuirán a su éxito.

Qué esperar

La memorización de las Escrituras es personalmente enriquecedora y ayuda por lo menos en tres áreas importantes: a tener victoria sobre la tentación, a vencer la ansiedad y a testificar de manera efectiva. En el libro 3 aprenderá versículos que pueden contribuir grandemente a su efectividad al testificar.

Memorice y repase con fichas de versículos

Durante este curso, usted continuará ya sea descargando e imprimiendo sus fichas de versículo, o anotando sus versículos de memoria en una tarjeta de presentación o una ficha en blanco. Escríbalos a mano o use su impresora. Al frente de la ficha, ponga el tema, la cita, el versículo y la cita.

Utilice el sistema del compañero

Proverbios 27:17 dice que «Como el hierro se afila con hierro, así un amigo se afila con su amigo». Hay un pensamiento paralelo en Eclesiastés 4:9-10: «Es mejor ser dos que uno, porque ambos pueden ayudarse mutuamente a lograr el éxito. Si uno cae, el otro puede darle la mano y ayudarle». Todos necesitamos ánimo en nuestra vida cristiana, y esto seguramente se aplica a la memorización de las Escrituras.

Pídale a alguien más de su grupo 2:7 que se reúna con usted afuera de la clase para repasar los versículos de cada uno. Quizás también quiera hablar de cualquier dificultad que tenga, pero, por encima de todo, compartan la manera en la que Dios está usando los versículos en su vida. Esto les ayudará a los dos a tener éxito en la memorización de las Escrituras.

Conocimiento y aplicación

Algunos cristianos confunden el conocimiento bíblico con la madurez espiritual y suponen que saber más de la Biblia automáticamente convierte a una persona en un mejor cristiano. Esto no es necesariamente cierto. Los fariseos conocían el Antiguo Testamento, pero estaban ciegos espiritualmente. La clave para la madurez espiritual es la aplicación sincera y constante de la Palabra de Dios a la vida.

El apóstol Pablo se dirigió a los creyentes corintios como bebés en Cristo, carnales y no espirituales. Tuvo que alimentarlos con leche en lugar de comida espiritual sólida. Ellos se enorgullecían de su sabiduría y lógica, y posiblemente entendían las verdades profundas que Pablo quería impartirles. Pero sus vidas contradecían lo que profesaban creer. Los celos y las contiendas los dividieron, y se comportaban como la gente ordinaria, no regenerada. Sus vidas eran demasiado similares a las de los no creyentes de Corinto. ¡Qué acusación! Necesitaban aplicar la Palabra de Dios a su vida diaria.

Forme una imagen del versículo

Recordamos las imágenes más fácilmente que las palabras o los conceptos. Si a usted le cuesta relacionar un versículo en particular con su tema y su cita, trate de formar una imagen mental del versículo, con base en su contenido, contexto o alguna otra característica que le ayudará a recordar. La imagen puede llegar a ser el gancho mental que usa después para sacar el versículo de su memoria. Sirve mejor si usted forma la imagen tan inusual o impactante como sea posible.

Por ejemplo, considere dos versículos del libro 2 acerca de dar testimonio: Mateo 4:19 y Romanos 1:16. Asocie el primer versículo con Cristo y el segundo con Pablo. Imagínese a Jesús parado en la playa junto al mar de Galilea. Dos pescadores se ocupan de sus redes cuando él los llama: «Vengan, síganme, ¡y yo les enseñaré cómo pescar personas!». Fije esa imagen en su mente. Asocie la imagen con el tema de dar testimonio y con la cita de Mateo 4:19.

Pablo no escribió el libro de Romanos desde Roma, pero debido a que era dirigido a los creyentes de allí, se podría imaginar a Pablo parado en el Foro romano o en el Coliseo, hablándole a los ciudadanos paganos: «Pues no me avergüenzo de la Buena Noticia acerca de Cristo, porque es poder de

Dios en acción para salvar a todos los que creen, a los judíos primero y también a los gentiles». Relacione esta imagen con el tema de dar testimonio y con la cita de Romanos 1:16.

Usted no formará una imagen para cada versículo, pero es útil para los versículos que le cueste recordar con los métodos ordinarios.

EL *SMT* EN EL LIBRO 3

Quizás recuerde que todo el *Sistema de Memorización por Temas* contiene sesenta versículos de memoria. Cada tema (de la A a la E) tiene seis subtemas.

A.	*Viva la vida nueva*	12 versículos
B.	*Proclame a Cristo*	12 versículos
C.	*Dependa de los recursos de Dios*	12 versículos
D.	*Sea un discípulo de Cristo*	12 versículos
E.	*Crezca hacia la semejanza en Cristo*	12 versículos

En el libro 2, usted memorizó versículos de «Viva la vida nueva». Aquí, en el libro 3, usted memorizará versículos de «Proclame a Cristo». Estos son versículos clave que puede usar para explicar el evangelio a otros. Usará estos versículos memorizados por el resto de su vida; deseará tenerlos a su alcance, en la primera fila de su mente.

Así que, ¿por qué no darse un regalo? Dedíquese a memorizar los doce versículos mientras está con amigos, en un ambiente positivo de memorización de las Escrituras. A medida que sigue principios y pautas comprobados de memorización de las Escrituras, usted sobresaldrá, pero se requerirá de esfuerzo constante. Los versículos clave memorizados llegan a ser herramientas fácilmente disponibles para que el Espíritu Santo las use a través de usted. He aquí los versículos de «Proclame a Cristo»:

Proclame a Cristo *(SMT)*	Requerido:	Recomendado pero opcional:
Todos hemos pecado	Romanos 3:23	Isaías 53:6
La paga del pecado	Romanos 6:23	Hebreos 9:27
Cristo dio la paga	Romanos 5:8	1 Pedro 3:18
Salvación no por obras	Efesios 2:8-9	Tito 3:5
Necesidad de recibir a Cristo	Juan 1:12	Romanos 10:9-10
Garantía de la salvación	1 Juan 5:13	Juan 5:24

Planifique terminar el libro 3 con la capacidad de citar hábilmente todos los versículos que ha memorizado en La Serie 2:7. Al final de este curso, usted habrá memorizado por lo menos diecisiete versículos. ¡Qué genial! Quizás habrá memorizado los veintinueve versículos. Quizás haya memorizado más de diecisiete pero menos de veintinueve. Lo que sea que las circunstancias de su vida le hayan permitido hacer, ¡bien hecho! Tendrá esos versículos fácilmente disponibles para recordarlos y aplicarlos a su propia vida, o para usarlos para ayudar a otros. ¡Planifique mantener esos versículos listos para toda una vida!

Sus versículos del libro 1 fueron:

Comenzando con Cristo	Requerido:	Recomendado pero opcional:
Garantía de la salvación	1 Juan 5:11-12	
Garantía de la oración respondida	Juan 16:24	
Garantía de la victoria	1 Corintios 10:13	
Garantía del perdón	1 Juan 1:9	
Garantía de la guía	Proverbios 3:5-6	
Versículo opcional de alcance		Juan 5:24

Sus versículos del libro 2 fueron:

Viva la vida nueva (*SMT*)	Requerido:	Recomendado pero opcional:
Cristo el centro	2 Corintios 5:17	Gálatas 2:20
La obediencia a Cristo	Romanos 12:1	Juan 14:21
La Palabra	2 Timoteo 3:16	Josué 1:8
La oración	Juan 15:7	Filipenses 4:6-7
La comunión	Hebreos 10:24-25	1 Juan 1:3
Dar testimonio	Mateo 4:19	Romanos 1:16

LA MEDITACIÓN: UNA AYUDA PARA LA APLICACIÓN

Una de las razones de más beneficio para memorizar los versículos bíblicos es que nos estimula a meditar en su contenido. Durante este curso, usted hará un ejercicio (páginas 14-18) para aumentar su habilidad de meditar en los pasajes de las Escrituras.

Una parte valiosa de su programa de memorización de las Escrituras es meditar en los versículos que ha aprendido. Esto no solo le permitirá retenerlos en su memoria con exactitud, sino que a medida que reflexiona en ellos y considera su contenido, usted experimentará desafíos, ánimo y motivación. Recuerde la instrucción de Dios a Josué: «Estudia constantemente este libro de instrucción. Medita en él de día y de noche para asegurarte de obedecer todo lo que allí está escrito. Solamente entonces prosperarás y te irá bien en todo lo que hagas» (Josué 1:8).

LA IMPORTANCIA DEL REPASO DIARIO

El repaso continuo es la clave para mantener a su alcance los versículos que ya sabe. Una meta excelente para el final del libro 3 sería tener la habilidad de citar cómoda y exactamente todos sus versículos de memoria de los libros 1-3, junto con el tema para cada uno de esos versículos. Planifique no solo completar sus tareas de memorización del libro 3 cada semana, sino también citar diariamente los temas y las citas de todos los versículos que ha aprendido.

La memorización y la meditación de las Escrituras son partes estratégicas de la formación de discipulado de la que usted participa. Promueven su desarrollo espiritual y sientan la base de su crecimiento espiritual futuro. De esa manera coincidirá con el salmista: «¡Oh, cuánto amo tus enseñanzas! Pienso en ellas todo el día» (Salmo 119:97).

MANERAS DE MEDITAR EN LAS ESCRITURAS: PRIMERA PARTE

UN EJERCICIO DE GRUPO

> Qué alegría para los que
> no siguen el consejo de malos,
> ni andan con pecadores,
> ni se juntan con burlones;
> sino que se deleitan en la ley del Señor
> meditando en ella día y noche.
> Son como árboles plantados a la orilla de un río,
> que siempre dan fruto en su tiempo.
> Sus hojas nunca se marchitan,
> Y prosperan en todo lo que hacen. (Salmo 1:1-3)

¿QUÉ ES LA MEDITACIÓN?

La meditación es el acto de reflexionar, sopesar, cavilar o contemplar. La meditación *no* es vagar con la mente o darse el gusto de «desviarse mentalmente»;

más bien, tiene forma y objeto. Los versículos de la Biblia y los conceptos bíblicos son el foco de la meditación de un cristiano.

Cuando meditamos, pasamos unos cuantos momentos encauzando nuestros pensamientos hacia un solo tema. La meditación es pensar con propósito. La meditación no es un ejercicio académico solemne. Requiere de una actitud de curiosidad y anticipación, que lleva a descubrimientos emocionantes, renovación de espíritu y transformación de carácter. Da recompensa y beneficio. Cuando meditamos, deliberadamente revisamos información para aclarar, aplicar, clasificar y asimilarla.

MÁS PERSPECTIVAS SOBRE LA MEDITACIÓN

La *Nueva Biblia al Día* expresa Josué 1:8 de una manera maravillosa:

> Recita siempre el libro de la ley y medita en él de día y de noche; cumple con cuidado todo lo que en él está escrito. Así prosperarás y tendrás éxito.

La meditación ayuda a trasladar la verdad bíblica a los patrones de vida diarios, a través de la aplicación personal y práctica. Durante esta sesión de clase, usted tendrá la oportunidad de practicar dos métodos de meditación (páginas 13-18). Como parte de su tarea para la próxima semana, usted practicará cuatro métodos adicionales de meditación (páginas 23-24) para un total de seis métodos.

1—Paráfrasis

El primer método de meditación que su grupo practicará es escribir una paráfrasis. A medida que intenta poner un versículo o un pasaje en sus propias palabras, usted llega a entenderlo más claramente. Frecuentemente, algunas magníficas nuevas perspectivas surgen al escribir una paráfrasis.

En las líneas de la página 16, escriba 2 Timoteo 3:16 con sus propias palabras, utilizando las siguientes traducciones y paráfrasis para ayudarle a completar esta parte de su trabajo. (En su paráfrasis, tal vez querrá escribir más palabras de las que hay en el versículo original).

VARIAS TRADUCCIONES Y PARÁFRASIS DE 2 TIMOTEO 3:16

> Toda la Escritura es inspirada por Dios y es útil para enseñarnos lo que es verdad y para hacernos ver lo que está mal en nuestra vida. Nos corrige cuando estamos equivocados y nos enseña a hacer lo correcto. (NTV)

Toda la Escritura es inspirada por Dios y útil para enseñar, para reprender, para corregir y para instruir en la justicia. (NVI)

Toda la Escritura es inspirada por Dios, y útil para enseñar, para redargüir, para corregir, para instruir en justicia. (RVR60)

Toda Escritura está inspirada por Dios y es útil para enseñar y reprender, para corregir y educar en una vida de rectitud. (DHH)

Toda Escritura es inspirada por Dios y útil para enseñar, para reprender, para corregir, para instruir en justicia. (LBLA)

Todo lo que está escrito en la Biblia es el mensaje de Dios, y es útil para enseñar a la gente, para ayudarla y corregirla, y para mostrarle cómo debe vivir. (TLA)

MI PARÁFRASIS DE 2 TIMOTEO 3:16

_____

_____

_____

_____

_____

_____

_____

_____

_____

2—Preguntas

Un segundo método de meditación es hacer preguntas de un versículo o pasaje (¿Qué dice? ¿Qué significa?). Dos métodos para hacer esas preguntas son:

1. Preguntar *quién*, *qué*, *cuándo*, *dónde*, *por qué* y *cómo*
2. Anotar preguntas al azar que vienen a la mente mientras medita en el pasaje

Algunas de las preguntas que puede hacer pueden tener respuestas inmediatas; otras posiblemente no. Hacer las preguntas llega a ser una forma de pensar en un pasaje.

En las líneas de la página 18, por favor anote algunas de las preguntas y las respuestas que vienen a la mente mientras medita en Hebreos 10:24-25, usando las siguientes traducciones y paráfrasis como ayuda. Podría comenzar haciendo preguntas de *quién, qué, cuándo, dónde, por qué* y *cómo.*

VARIAS TRADUCCIONES Y PARÁFRASIS DE HEBREOS 10:24-25

Pensemos en maneras de motivarnos unos a otros a realizar actos de amor y buenas acciones. Y no dejemos de congregarnos, como lo hacen algunos, sino animémonos unos a otros, sobre todo ahora que el día de su regreso se acerca. (NTV)

Preocupémonos los unos por los otros, a fin de estimularnos al amor y a las buenas obras. No dejemos de congregarnos, como acostumbran hacerlo algunos, sino animémonos unos a otros, y con mayor razón ahora que vemos que aquel día se acerca. (NVI)

Y considerémonos unos a otros para estimularnos al amor y a las buenas obras; no dejando de congregarnos, como algunos tienen por costumbre, sino exhortándonos; y tanto más, cuanto veis que aquel día se acerca. (RVR60)

Busquemos la manera de ayudarnos unos a otros a tener más amor y a hacer el bien. No dejemos de asistir a nuestras reuniones, como hacen algunos, sino animémonos unos a otros; y tanto más cuanto que vemos que el día del Señor se acerca. (DHH)

Y consideremos cómo estimularnos unos a otros al amor y a las buenas obras, no dejando de congregarnos, como algunos tienen por costumbre, sino exhortándonos unos a otros, y mucho más al ver que el día se acerca. (LBLA)

Tratemos de ayudarnos unos a otros, y de amarnos y hacer lo bueno. No dejemos de reunirnos, como hacen algunos. Al contrario, animémonos cada vez más a seguir confiando en Dios, y más aún cuando ya vemos que se acerca el día en que el Señor juzgará a todo el mundo. (TLA)

PREGUNTAS ACERCA DE HEBREOS 10:24-25

_____

_____

_____

_____

_____

_____

_____

_____

_____

_____

_____

_____

_____

_____

_____

_____

_____

_____

EJERCICIOS DE MEDITACIÓN EN LA SESIÓN 2

En la sesión 1, usted ha usado dos técnicas para meditar en las Escrituras: la paráfrasis y las preguntas. En la sesión 2, «Cómo meditar en las Escrituras: Segunda parte», usted experimentará cuatro métodos más para la meditación: la oración, el énfasis, la referencia cruzada y la aplicación.

CÓMO IDENTIFICARSE CON CRISTO ABIERTAMENTE

En el libro 2, usted tuvo la tarea de participar en por lo menos una actividad «no espiritual» con alguien no cristiano. Desde entonces, probablemente ha estado en diversas actividades con esa persona y otras personas que todavía no han llegado a la fe en Cristo. Como lo sabe, pasar tiempo juntos es la forma principal de desarrollar amistad y apertura con otra persona.

Una tarea aquí en el libro 3 es que usted se identifique abiertamente con Cristo cuando esté con una persona conocida precristiana. Algunos le llaman a esto «izar la bandera». Los antiguos barcos de vela izaban la bandera de su país para que los demás barcos los pudieran identificar a la distancia. «Izaban la bandera» del país al que le eran leales. Hay un punto en que el cristiano tiene que comenzar a «izar la bandera» verbalmente, no de una manera agresiva, sino de forma natural y abierta.

Identificarse abiertamente con Cristo no quiere decir dar su testimonio completo ni compartir el evangelio. Simplemente significa hacer una declaración o un comentario que lo identifique con Cristo. Es sabio preparar lo que le gustaría decir cuando tenga la oportunidad. Podría mencionar algo que oyó en un sermón en la iglesia o algo que su hijo oyó en la escuela dominical. Podría mencionar algo que Cristo dijo en uno de los Evangelios. Podría hacer una declaración breve acerca de orar por alguien o algo. Sea lo suficientemente directo para que lo entiendan. Esté confiado, pero sea cortés. Evite sonar a la defensiva.

> Un siervo del Señor no debe andar peleando, sino que debe ser bondadoso con todos, capaz de enseñar y paciente con las personas difíciles. Instruye con ternura a los que se oponen a la verdad. Tal vez Dios les cambie el corazón, y aprendan la verdad.
>
> —2 Timoteo 2:24-25

Es bueno identificarse con Cristo al principio de una amistad. Mientras más tiempo pase con una amistad sin identificarse con Cristo, más difícil llega a ser compartir su fe con esa persona. Ore por sabiduría y audacia, haga un plan y llévelo a cabo de una manera cortés.

Quizás recuerde la conversación entre Dios y Jeremías en Jeremías 1:6-8. Jeremías habló primero.

> —Oh Señor Soberano —respondí—. ¡No puedo hablar por ti! ¡Soy demasiado joven!
> —No digas: «Soy demasiado joven» —me contestó el Señor—, porque debes ir dondequiera que te mande y decir todo lo que te diga. No le tengas miedo a la gente, porque estaré contigo y te protegeré. ¡Yo, el Señor, he hablado!

A veces, usted también puede sentirse con miedo o intranquilo, pero Dios le dará el valor y la sabiduría para decir lo que se tiene que decir. Después usted puede edificar con base en esta breve conversación espiritual.

TAREA PARA LA SESIÓN 2

1. *Memorización de las Escrituras*: Estudie y complete la «Guía de memorización de las Escrituras—Semana 2» (páginas 21-22). Memorice el (los)

versículo(s) sobre «Todos hemos pecado»: Romanos 3:23 e Isaías 53:6 (recomendado pero opcional).

2. *Tiempo a solas*: Siga leyendo, marcando, respondiéndole a Dios en oración, anotando en *Los puntos sobresalientes de mi lectura* y utilizando una hoja de oración.

3. *Evangelización*: Tal vez usted será uno de los que cuenten «Mi historia» en la clase, con o sin notas, en menos de cuatro minutos.

4. *Otras*: Complete «Maneras de meditar en las Escrituras: Segunda parte» (páginas 23-24). La meditación no se debe apresurar; tómese su tiempo y disfrute los ejercicios.

SESIÓN 2

BOSQUEJO DE ESTA SESIÓN

1. Inicie la sesión con oración.
2. Divídanse en grupos de repaso de versículos y citen el (los) versículo(s) sobre «Todos hemos pecado»: Romanos 3:23 e Isaías 53:6 (recomendado pero opcional). Esfuércese para que le firmen todo lo posible en *Mi registro de tareas completadas*. Si puede memorizar más que el (los) versículo(s) requerido(s), que también se los firmen.
3. Comparta algunos pensamientos del tiempo a solas de *Los puntos sobresalientes de mi lectura*.
4. Discuta «Maneras de meditar en las Escrituras: Segunda parte» (páginas 23-24).
5. Escuche a dos o tres miembros del grupo contar «Mi historia», con o sin notas, en menos de cuatro minutos.
6. Lea «Introducción al estudio bíblico—Libro 3» (páginas 24-25).
7. Lea la «Tarea para la sesión 3» (página 26).
8. Termine la sesión con oración.

GUÍA DE MEMORIZACIÓN DE LAS ESCRITURAS— SEMANA 2

Avanzando

Usted tiene que trabajar con tres cosas cada semana a medida que estudia los versículos nuevos para memorizar sobre los temas de «Proclame a Cristo»:

1. **Sus fichas de memorización**— para usarlas diariamente (todos los versículos de «Proclame a Cristo» están enumerados en la página 12)
2. **Acerca de los versículos**—para hacer que los versículos sean más significativos y fáciles de aprender y aplicar

3. **Su plan semanal**—para ayudarle a progresar, paso a paso, con su trabajo de memorización y para evitar obstáculos

Acerca de los versículos
LA SERIE B DE *SMT*: PROCLAME A CRISTO

Como testigos de Jesucristo, tenemos dos cosas que compartir: *nuestra historia* de cómo encontramos a Cristo y lo que él significa para nosotros ahora, y *el evangelio*, el plan de salvación de Dios. El evangelio explica la necesidad profunda de toda la gente, el amor de

Dios para cada persona y la muerte de Cristo en la cruz para hacer posible la vida eterna.

Los temas y los versículos de esta serie forman un bosquejo útil para presentar el evangelio. Estos versículos de memoria pueden ayudarle a llegar a ser más hábil para proclamar a Cristo.

TEMA 1: TODOS HEMOS PECADO

La vida en el siglo xxi presenta problemas, aparentemente insuperables, de guerra, crimen, contienda racial y violencia de toda clase. Los expertos buscan soluciones desesperadamente, pero pocos consideran la causa más básica. Sin embargo, Cristo fue a la raíz del problema. Él dijo que la envidia, el orgullo, la impureza, la inmoralidad, el robo, el asesinato y la maldad surgen del corazón pecaminoso de la persona (Marcos 7:20-23). Las personas no encuentran soluciones a muchos de sus problemas hasta que concuerdan con el diagnóstico de Dios de la causa: el pecado personal.

Romanos 3:23—El pasaje que rodea este versículo nos informa que no hay distinción de personas: tanto los judíos como los gentiles han pecado y se han quedado cortos del estándar de la justicia de Dios. Todos están en la misma situación.

Nota: Ocasionalmente, para enfocar la atención en un pensamiento en particular, usted memorizará un versículo que no es una oración completa. Esta es otra razón por la que usted querrá leer el contexto de los versículos a medida que comienza a memorizarlos.

Isaías 53:6 (recomendado pero opcional)—Isaías declaró que todos, deliberadamente, le hemos dado la espalda a Dios porque preferimos permanecer independientes de Dios. Esto es parte de la condición humana natural (Romanos 3:10-12). El pecado ha infectado e impactado a todos.

Su plan semanal

1. Al inicio de la semana, revise si tiene sus fichas de versículos de los libros 1 y 2. Dependiendo de los versículos que eligió memorizar, serán entre once y dieciocho fichas de memorización.

2. Cada día, repase todos los versículos que haya memorizado durante los libros 1 y 2.

3. De vez en cuando, repase los principios de «Maneras comprobadas para memorizar un versículo eficazmente» (páginas 23-24) del libro 1.

4. Uno o dos días antes de su próxima sesión de grupo, escriba su(s) versículo(s) nuevo(s) de memoria, o cítelo(s) a alguien, solo para verificar su exactitud.

MANERAS DE MEDITAR EN LAS ESCRITURAS: SEGUNDA PARTE

En la sesión 1, usted aplicó las primeras dos técnicas para meditar en las Escrituras: la paráfrasis y las preguntas. En esta sesión, usted experimentará cuatro métodos más que puede usar para meditar en un versículo o un pasaje bíblico.

3—La oración

Ore con el versículo o pasaje. Una manera de hacerlo es pensar en cada frase o pensamiento y orar por las implicaciones para su propia vida o la vida de otros.

Las mejores cosas por las que oré cuando medité en Romanos 12:1 fueron:

_____

_____

_____

_____

_____

_____

4—Énfasis

Haga énfasis en distintas palabras o frases. Lea o cite un versículo en voz alta varias veces y haga énfasis en una palabra o frase distinta cada vez. Esto alterna su enfoque en varias facetas de un versículo. Cada palabra le agrega su propia importancia al pasaje.

Los mejores pensamientos que tuve cuando hice énfasis en distintas palabras de Juan 15:7 fueron:

_____

_____

_____

_____

5—La referencia cruzada

Busque referencias cruzadas. Utilizando una concordancia u otra ayuda de estudio bíblico, busque versículos adicionales que apoyen el concepto básico del pasaje que está comparando. Otros dos versículos que dicen algunas de las mismas cosas que Juan 14:21 son:

Cita: _____ Pensamiento: _____

_____

_____

Cita: _____ Pensamiento: _____

_____

_____

6—Aplicación

Busque hacer una aplicación. En oración, reflexione en el pasaje y permita que Dios le muestre cómo aplicar sus verdades. Trate de hacer que su aplicación sea un paso positivo y específico que usted dará.

Al considerar la forma en que Filipenses 4:6-7 se relaciona con mis propias circunstancias, tuve los siguientes pensamientos:

_____

_____

_____

INTRODUCCIÓN AL ESTUDIO BÍBLICO—LIBRO 3

Al haber completado los libros 1 y 2 de LA SERIE 2:7, sin duda usted profundizó sus convicciones en cuanto al valor de buscar en las Escrituras y de aclarar la verdad. Probablemente usted ha observado que cuando investiga en la Palabra por sí mismo, sus actitudes y acciones se ven afectadas día tras día.

Sin embargo, aunque se dé cuenta de la importancia del estudio bíblico sistemático, probablemente percibirá oposición a medida que continúa. El enemigo de cada cristiano, el mismo Satanás, conoce el poder de la Palabra de Dios, y él intentará mantenerlo a usted alejado de ella en todo momento. Usted encontrará excusas como «Estoy demasiado ocupado» o «No me puedo concentrar ahora; haré esta cosita primero y luego volveré al estudio bíblico». Enfrentará interrupciones, tentaciones y hasta críticas de otros que le impiden ponerle atención a las Escrituras.

Reconocer que Satanás es la causa de muchos obstáculos es útil. Resalta la importancia del estudio bíblico y puede profundizar nuestra determinación de asegurar el tiempo para estudiar. ¿Cómo ganamos estos enfrentamientos? He aquí algunas sugerencias prácticas y útiles:

1. Acepte por fe que Cristo ya le ganó a Satanás y a sus compatriotas demoníacos. «¡Gracias a Dios! Él nos da la victoria sobre el pecado y la muerte por medio de nuestro Señor Jesucristo» (1 Corintios 15:57).

2. Pídale sabiduría, entendimiento y fortaleza al Señor. «Pídeme y te daré a conocer secretos sorprendentes que no conoces acerca de lo que está por venir» (Jeremías 33:3).

3. Use la disciplina personal. Ningún ejercicio espiritual llega a ser automático. Así como toma la iniciativa de mantener el ritmo en su tiempo a solas a diario con el Señor, también necesita planificar y proteger celosamente su tiempo de estudio. Es bueno establecer una meta definitiva para completar cierta cantidad de estudio cada semana, y es bueno ser diligente para alcanzar esa meta. Salomón dijo: «Es agradable ver que los sueños se hacen realidad» (Proverbios 13:19), y alcanzar un objetivo planificado da satisfacción y motivación adicional.

4. Pídale a un amigo que verifique su progreso de estudio bíblico semanal. Tal vez puedan compartir mutuamente lo que cada uno ha estudiado.

Sus estudios bíblicos del libro 3 se relacionan con el carácter cristiano. Una definición de carácter es «excelencia y firmeza moral». Es hacer lo que Dios dice, aun cuando puede ser difícil. Dios quiere que tengamos cualidades morales firmes en nuestra vida interna, así como un comportamiento externo aceptable y efectivo. Por lo tanto, es imperativo que aprendamos lo que la Palabra de Dios dice acerca del carácter del cristiano. Las cinco áreas del carácter cristiano que su grupo estudiará en este curso son:

- El llamado a una vida fructífera
- El amor en acción
- La pureza de vida
- La integridad en la vida
- El carácter en acción

TAREA PARA LA SESIÓN 3

1. *Memorización de las Escrituras*: Estudie y complete la «Guía de memorización de las Escrituras—Semana 3» (páginas 27-28). Memorice el (los) versículo(s) sobre «La paga del pecado»: Romanos 6:23 y Hebreos 9:27 (recomendado pero opcional).

2. *Tiempo a solas*: Siga leyendo, marcando, respondiéndole a Dios en oración, anotando en *Los puntos sobresalientes de mi lectura* y usando una hoja de oración.

3. *Estudio bíblico*: Complete el estudio bíblico «El llamado a una vida fructífera» (páginas 28-35).

4. *Evangelización*: Tal vez usted será una de las personas que cuenten «Mi historia» en clase, con o sin notas, en menos de cuatro minutos.

SESIÓN 3

BOSQUEJO DE ESTA SESIÓN

1. Inicie la sesión con oración.

2. Divídanse en grupos de repaso de versículos y citen el (los) versículo(s) sobre «La paga del pecado»: Romanos 6:23 y Hebreos 9:27 (recomendado pero opcional). Esfuércese para que le firmen todo lo posible en *Mi registro de tareas completadas*. Si puede memorizar más que el (los) versículo(s) requerido(s), que también se los firmen.

3. Comparta algunos pensamientos del tiempo a solas de *Los puntos sobresalientes de mi lectura*.

4. Escuche a dos o tres personas contar «Mi historia», con o sin notas, en menos de cuatro minutos.

5. Discuta el estudio bíblico «El llamado a una vida fructífera» (páginas 28-35).

6. Lea la «Tarea para la sesión 4» (página 36).

7. Tenga un corto período de oración en grupo por algunas de las personas de sus listados de oración por la evangelización.

GUÍA DE MEMORIZACIÓN DE LAS ESCRITURAS— SEMANA 3

Acerca de los versículos
TEMA 2: LA PAGA DEL PECADO
El hecho de que cada persona es pecadora tiene consecuencias serias.

Romanos 6:23—Pablo dice que la muerte espiritual es el resultado del pecado. La muerte espiritual es separación de Dios. Todos morirán físicamente algún día, pero todos ya han muerto espiritualmente. Hay mucha gente que cree en la existencia de Dios pero no tiene una relación personal con él. Quizás no estén conscientes de que una brecha intransitable los separa de Dios debido a su pecado.

Dios es amor, pero también es justo. Él no puede pasar por alto el pecado y seguir siendo tanto justo como santo. Lo único que un Dios santo puede hacer con el pecado es juzgarlo. La Biblia dice: «El que rehúsa creer en el Hijo no verá la vida, sino que la ira de Dios está sobre él» (Juan 3:36, RVR60). Quizás no nos guste pensar en eso, pero la Biblia habla tanto del juicio como lo hace de casi cualquier otro tema. Tenemos que saber de él.

Hebreos 9:27 (recomendado pero opcional)—Cada persona tiene una cita con la muerte física, pero los que están sin Cristo mueren y luego tienen que rendirle cuentas de sí mismos a Dios, su Juez. Los cristianos no enfrentarán este juicio por sus pecados (Juan 5:24).

Su plan semanal

1. Al inicio de la semana, tenga listas sus fichas para repasar sus versículos memorizados de los libros 1 y 2.

2. Cada día, repase sus versículos del libro 3 y los versículos memorizados durante los libros 1 y 2.

3. Uno o dos días antes de su próxima sesión de grupo, escriba su(s) versículo(s) nuevo(s) de memoria o cítelo(s) a alguien, solo para verificar su exactitud.

EL LLAMADO A UNA VIDA FRUCTÍFERA

Mucha gente mide la productividad de su vida con la cantidad de actividades que tiene. Esto no necesariamente da una imagen genuina de la calidad de su vida. Lo que somos es más importante que lo que hacemos.

PARA PENSAR:

¿Cómo cree que se debe medir la productividad en la vida de un cristiano?

EL DESEO DE DIOS DE QUE USTED SEA FRUCTÍFERO

1. Lea Juan 15:5. Aquí Cristo da una perspectiva esencial en cuanto al asunto de dar fruto espiritual.

   a. En esta analogía, identifique la vid y las ramas.

   _____

   _____

   _____

   b. ¿Qué condición se necesita para que la rama produzca fruto?

   _____

   _____

   _____

   c. ¿Por qué la rama necesita a la vid?

   _____

   _____

   d. Explique qué piensa que significa «permanecer» en Cristo.

   _____

_____

_____

2. Según Juan 15:8 y 16, ¿qué observaciones adicionales puede hacer acerca de dar fruto?

_____

_____

_____

_____

3. Lea Gálatas 5:22-23 y enumere las cualidades que Dios quiere producir en su vida. Defina brevemente cada una.

EL FRUTO DEL ESPÍRITU	DEFINICIÓN BREVE DEL FRUTO
1. _____	_____
2. _____	_____
3. _____	_____
4. _____	_____
5. _____	_____
6. _____	_____
7. _____	_____
8. _____	_____
9. _____	_____

¿Cuál de estas cualidades es actualmente la más importante para usted y por qué?

_____

_____

_____

_____

_____

DESARROLLO DEL CARÁCTER

4. Las Escrituras revelan varias áreas importantes de la vida en las que se exhibe el carácter. Por favor enumere una para cada uno de los siguientes versículos:

   Filipenses 4:8 _____

   Colosenses 4:6 _____

   1 Pedro 2:12 _____

   ¿Cómo se relacionan estas áreas entre sí? _____

   _____

   _____

   _____

   _____

5. Examine cuidadosamente 2 Pedro 1:1-8. Esta porción de las Escrituras trata del tema del desarrollo del carácter cristiano.

   a. ¿Cómo lo ha equipado Dios para crecer en carácter (versículos 2-4)?

   _____

   _____

   _____

   b. ¿Qué dice el versículo 8 acerca de la productividad? _____

   _____

   _____

   _____

   _____

c. Enumere ocho aspectos del carácter cristiano (versículos 5-7).

_____   _____

_____   _____

_____   _____

_____   _____

¿De qué manera puede ser importante su secuencia? _____

_____

_____

_____

_____

d. Según 2 Pedro 1:5-7, escoja tres de las ocho cualidades y escriba su propia definición de cada una.

1. _____

_____

2. _____

_____

3. _____

_____

e. Elija una cualidad que le gustaría fortalecer. Con la ayuda de Dios, ¿qué pasos podría dar para llegar a ser más semejante a Cristo al exhibir esa cualidad?

_____

_____

_____

_____

Siembra un pensamiento y cosecharás una acción;
Siembra una acción y cosecharás un hábito;
Siembra un hábito y cosecharás un carácter;
Siembra un carácter y cosecharás un destino.

—DESCONOCIDO

DESARROLLO DE LA SABIDURÍA

6. Uno de los propósitos del libro de Proverbios es que la gente pueda obtener sabiduría. ¿Qué enseñan de la sabiduría los siguientes versículos de Proverbios?

2:6 _____

3:13-14 _____

9:10 _____

11:2 _____

24:13-14 _____

7. Lea Santiago 3:13-18.

a. ¿Cómo se exhibe la sabiduría piadosa? _____

_____

_____

b. Enumere las características de la sabiduría piadosa y de la sabiduría impía (versículos 15-17). (Puede dejar algunas líneas en blanco).

SABIDURÍA PIADOSA

_____

_____

_____

_____

_____

_____

SABIDURÍA IMPÍA

_____

_____

_____

_____

_____

_____

c. ¿Cuál de las características que enumeró ha tenido más influencia en nuestra sociedad? Por favor explique brevemente su respuesta.

_____

_____

_____

_____

> La sabiduría es más que conocimiento, que es la acumulación de hechos. [...] Es la correcta aplicación del conocimiento en asuntos morales y espirituales.
>
> —J. Oswald Sanders

CAMBIO DE ACTITUDES

8. Lea Filipenses 3:4-14. Tome nota de las antiguas actitudes de Pablo y los patrones que aparecen en los versículos 4-7

    • Confiaba en sus propios esfuerzos (versículo 4)

    • Era un líder religioso judío (versículo 5)

    • Perseguía a la iglesia (versículo 6)

    • Era «intachable» ante la ley del Antiguo Testamento (versículo 6)

    • Consideraba todo como un logro personal (versículo 7)

    a. Enumere por lo menos tres actitudes y patrones nuevos de Pablo como creyente (versículos 7-14).

    _____

    _____

    b. ¿Por qué cree que Pablo tenía una actitud tan positiva en cuanto al futuro? _____

    _____

    _____

    _____

    _____

9. En el Sermón del monte, Jesucristo dio ocho ingredientes básicos para vivir una vida santa y feliz. Según Mateo 5:3-12, por favor enumere las bendiciones que él le prometió a la persona con cada cualidad.

LA CLASE DE PERSONA	LA PROMESA DE JESÚS
a. Los pobres en espíritu (que reconocen su propia pobreza en las cosas espirituales) (versículo 3)	_____
b. Los que lloran (están genuinamente arrepentidos por el pecado) (versículo 4)	_____
c. Los humildes (que tienen la fortaleza bajo control) (versículo 5)	_____
d. Los que tienen hambre de justicia (preocupación profunda por la santidad) (versículo 6)	_____
e. Los compasivos (misericordiosos con otros) (versículo 7)	_____
f. Los que tienen el corazón puro (libres de pecado moral) (versículo 8)	_____
g. Los que procuran la paz (promueven la paz al reconciliar a otros) (versículo 9)	_____
h. Los perseguidos (oprimidos por la causa de Cristo) (versículos 10-11)	_____

10. ¿En cuál de las ocho áreas es usted actualmente más fuerte?

_____

_____

_____

¿En cuál le gustaría ver mejoras? _____

_____

_____

_____

RESUMEN

Repase los siguientes subtemas del capítulo y escriba su propio resumen de cada sección.

El deseo de Dios de que sea fructífero

Desarrollo del carácter

Desarrollo de la sabiduría

Cambio de actitudes

TAREA PARA LA SESIÓN 4

1. *Memorización de las Escrituras*: Estudie y complete la «Guía de memorización de las Escrituras—Semana 4» (páginas 37-38). Memorice el (los) versículo(s) sobre «Cristo dio la paga»: Romanos 5:8 y 1 Pedro 3:18 (recomendado pero opcional).

2. *Tiempo a solas*: Siga leyendo, marcando, respondiéndole a Dios en oración, anotando en *Los puntos sobresalientes de mi lectura* y utilizando una hoja de oración.

3. *Estudio bíblico*: Complete el estudio bíblico «La evangelización a través de relaciones personales» (páginas 38-41).

4. *Evangelización*: Tal vez usted será uno de los que cuenten «Mi historia» en clase, con o sin notas, en menos de cuatro minutos.

SESIÓN 4

BOSQUEJO DE ESTA SESIÓN

1. Inicie la sesión con oración.

2. Divídanse en grupos de repaso de versículos y citen el (los) versículo(s) sobre «Cristo dio la paga»: Romanos 5:8 y 1 Pedro 3:18 (recomendado pero opcional). Esfuércese para que le firmen todo lo posible en *Mi registro de tareas completadas*. Si puede memorizar más que el (los) versículo(s) requerido(s), que también se los firmen.

3. Comparta algunos pensamientos del tiempo a solas de *Los puntos sobresalientes de mi lectura*.

4. Escuche a los que todavía tienen que contar «Mi historia», con o sin notas, en menos de cuatro minutos.

5. Discuta el estudio bíblico «La evangelización a través de relaciones personales» (páginas 38-41).

6. Lea la «Tarea para la sesión 5» (páginas 41-42).

7. Termine la sesión con oración.

GUÍA DE MEMORIZACIÓN DE LAS ESCRITURAS— SEMANA 4

Acerca de los versículos
TEMA 3: CRISTO DIO LA PAGA

Nosotros o tenemos que soportar el castigo de nuestros pecados y estar separados de Dios por toda la eternidad, o alguien más tiene que dar la paga para que podamos quedar libres. Solamente Jesucristo, el Dios-hombre sin pecado y perfecto, pudo hacer esto por nosotros.

Romanos 5:8—Pablo dijo que Dios mostró su gran amor por nosotros al enviar a Cristo a morir en nuestro lugar, incluso cuando todavía éramos pecadores indignos. Esto es puro amor y gracia.

1 Pedro 3:18 (recomendado pero opcional)—Pedro dijo por qué Cristo, el Justo, murió por nosotros, los injustos. Él lo hizo «para llevarlos a salvo con Dios», para hacer un puente sobre la brecha que nos separaba de la presencia de Dios e impedía que tuviéramos una relación personal con él.

En la cruz, Dios colocó nuestros pecados sobre su Hijo. Jesucristo soportó nuestro castigo, que es la separación del Padre. Es por eso que Jesús clamó: «Dios mío, Dios mío, ¿por qué me has abandonado?» (Mateo 27:46). El Padre le dio la espalda a su Hijo porque en ese momento él fue hecho pecado por nosotros. Ahora bien, en lugar de nuestros pecados, tenemos la justicia de Cristo que se nos impartió y podemos entrar a la misma presencia de Dios.

Su plan semanal

1. Recuerde, siempre diga el tema primero, y luego la cita, el versículo y la cita otra vez al final.

2. Cada día, repase sus versículos del libro 3 y los versículos memorizados de los libros 1 y 2.

3. Uno o dos días antes de su próxima sesión de grupo, escriba su(s) versículo(s) nuevo(s) de memoria, o cítelo(s) a alguien, solo para verificar su exactitud.

LA EVANGELIZACIÓN A TRAVÉS DE RELACIONES PERSONALES

DOS INGREDIENTES CLAVE

Las Escrituras nos dan la perspectiva de cómo el evangelio puede tener su mayor impacto. Hay dos ingredientes clave: decir (o proclamar) el evangelio y afirmar (o modelar) el mensaje del evangelio a través de la vida de un creyente. Este estudio le ayudará a entender la base bíblica para proclamar y modelar el mensaje.

PROCLAMAR EL EVANGELIO

1. Según 2 Corintios 5:18-20, ¿qué se nos ha confiado a los cristianos? ___

2. En Marcos 16:15, ¿qué se les ordena a los cristianos hacer? _____

3. En Efesios 3:7-8, ¿qué ve Pablo como el propósito de su vida? _____

4. Con base en los versículos de las preguntas 1-3, por favor declare brevemente la responsabilidad del cristiano en la proclamación del evangelio. _____

Además de proclamar el evangelio, al cristiano se le indica que afirme o exhiba la realidad del mensaje cristiano en su propia vida. De esta manera, una persona que está a punto de creer el evangelio no solo oye, sino que ve lo que significa tener una relación con Jesucristo.

AFIRMAR EL EVANGELIO

5. ¿Cómo nos instruye Cristo a relacionarnos con los no cristianos que nos rodean (Mateo 5:13-16)? _____

_____

6. Según Filipenses 2:14-15, ¿de qué manera afirma el evangelio nuestra vida? _____

_____

_____

7. Según los siguientes versículos, enumere algunas de las maneras en las que debemos relacionarnos con los incrédulos:

Mateo 5:43-48 _____

Lucas 14:12-14 _____

Colosenses 4:5-6 _____

2 Corintios 4:5 _____

¿Cómo afirman el evangelio esas acciones y actitudes? _____

_____

_____

_____

8. Según Mateo 9:10-13, explique cómo se relacionó Jesucristo con los incrédulos y cuál fue su propósito. _____

_____

_____

9. ¿Por qué es necesaria la amistad con una persona para afirmar el evangelio?

_____

_____

_____

EL PROCESO DE LA EVANGELIZACIÓN A TRAVÉS DE RELACIONES PERSONALES

Jesús explicó: «Mi alimento consiste en hacer la voluntad de Dios, quien me envió, y en terminar su obra. Ustedes conocen el dicho: "Hay cuatro meses entre la siembra y la cosecha", pero yo les digo: despierten y miren a su alrededor, los campos ya están listos para la cosecha. A los segadores se les paga un buen salario, y los frutos que cosechan son personas que pasan a tener la vida eterna. ¡Qué alegría le espera tanto al que siembra como al que cosecha! Ya saben el dicho: "Uno siembra y otro cosecha", y es cierto. Yo los envié a ustedes a cosechar donde no sembraron; otros ya habían hecho el trabajo, y ahora a ustedes les toca levantar la cosecha».

—JUAN 4:34-38

En el pasaje de Juan 4, ver a la gente llegar a Cristo se compara con una cosecha; es el paso final de una serie de actividades. A una cosecha le debe preceder arar la tierra, sembrar, regar, cultivar y, finalmente, cosechar. Cristo nos dice que cuando estamos involucrados en la cosecha (ver que alguien llega a Cristo), mucho del trabajo preliminar ya lo han hecho otros.

10. Antes de llegar a Cristo, ¿cuáles son algunas acciones similares a plantar, regar y cultivar que pueden llevarse a cabo en la vida de un no cristiano (Juan 4:34-38)? _____

_____

_____

_____

11. En 1 Corintios 3:5-9, Pablo describe un verdadero ejemplo de cómo se llevó a cabo el plantar, regar y cultivar.

a. ¿Qué dice el versículo 8 acerca del trabajo en equipo que hace que la gente se desplace hacia Cristo? _____

_____

_____

b. ¿Quién o qué hace que la verdad del evangelio (plantada en las mentes) crezca (versículos 6-7)? _____

_____

c. ¿Cuál es la responsabilidad individual del cristiano (versículos 5, 8-9)?

_____

_____

RESUMEN

Al cristiano se le han provisto dos medios principales para ganar el mundo para Cristo: el mensaje del evangelio y la realidad del evangelio en la vida del cristiano. Estos dos medios son efectivos para alcanzar tanto a la persona religiosa como a la secular. La evangelización a través de las relaciones personales es principalmente el proceso de adaptar los dos medios para el mayor provecho de la persona que queremos llevar a Cristo. La evangelización a través de las relaciones personales es un proceso, y su duración se determinará, en gran medida, por el mucho o poco trabajo que se haya hecho antes de que entremos al escenario con esa persona. Sin embargo, los resultados finales de la evangelización dependen de Dios, que «da el crecimiento», y de la persona, que tiene que arrepentirse y recibir a Cristo voluntariamente como Salvador y Señor a través de una acción de su voluntad.

TAREA PARA LA SESIÓN 5

1. *Memorización de las Escrituras*: Estudie y complete la «Guía de memorización de las Escrituras—Semana 5» (páginas 43-44). Memorice el (los) versículo(s) sobre «Salvación no por obras»: Efesios 2:8-9 y Tito 3:5 (recomendado pero opcional).

2. *Tiempo a solas*: Siga leyendo, marcando, respondiéndole a Dios en oración, anotando en *Los puntos sobresalientes de mi lectura* y utilizando una hoja de oración.

3. *Estudio bíblico*: Complete el estudio bíblico «El amor en acción» (páginas 44-50).

4. *Evangelización*: ¿Todavía necesita contar «Mi historia», con o sin notas, en menos de cuatro minutos?

SESIÓN 5

BOSQUEJO DE ESTA SESIÓN

1. Inicie la sesión con oración.
2. Divídanse en grupos de repaso de versículos y citen el (los) versículo(s) sobre «Salvación no por obras»: Efesios 2:8-9 y Tito 3:5 (recomendado pero opcional).
3. Comparta algunos pensamientos del tiempo a solas de *Los puntos sobresalientes de mi lectura*.
4. Escuche a los que todavía necesitan contar «Mi historia», con o sin notas, en menos de cuatro minutos.
5. Discuta el estudio bíblico «El amor en acción» (páginas 44-50).
6. Lea la «Tarea para la sesión 6» (página 50).
7. Termine la sesión con oración.

GUÍA DE MEMORIZACIÓN DE LAS ESCRITURAS— SEMANA 5

Acerca de los versículos

TEMA 4: SALVACIÓN NO POR OBRAS

Mucha gente tiene la idea de que su destino eterno se determinará al sopesar sus buenas obras con las malas, por lo que tratan de ganarse o pedir la misericordia de Dios con acciones buenas y caritativas, con la esperanza de dejar ciego a Dios en cuanto a sus faltas y sus fracasos morales.

Efesios 2:8-9—Pablo dejó claro que la salvación no es por nuestras obras, sino solamente por la gracia de Dios. A través de Cristo recibimos el favor inmerecido. La salvación es un regalo que recibimos por fe. Si fuéramos capaces de ganarnos nuestra salvación, podríamos jactarnos por ese logro. Pero solamente Dios debe recibir el mérito por salvarnos.

Tito 3:5 (recomendado pero opcional)—Aquí, de nuevo, Pablo declara que nuestro propio esfuerzo no nos salva, sino la acción misericordiosa de Dios. A algunas personas les cuesta aceptar esto. Va en contra de la naturaleza independiente de la persona y de la filosofía de vida de «hazlo por ti mismo». Ser salvados significa que se nos limpia de nuestro pecado y nacemos de nuevo espiritualmente. Esto es obra del Espíritu Santo, quien ocasiona una regeneración en nosotros. Nos limpia y nos renueva desde dentro.

Su plan semanal

1. Lea el contexto del (los) nuevo(s)

versículo(s) en su Biblia para ayudarle a tener claro el escenario.

2. Cada día, repase todos sus versículos del libro 3, así como los versículos memorizados durante los libros 1 y 2.

3. Esfuércese para lograr citarlo(s) sin errores. Un día o dos antes de su próxima reunión de grupo, escriba su(s) versículo(s) nuevo(s) de memoria o cítelo(s) a alguien, solo para verificar su exactitud.

EL AMOR EN ACCIÓN

En nuestro mundo del siglo XXI, la gente tiene muchas definiciones distintas de amor. Muchas de ellas llegan de las ilustraciones del amor que se encuentran en las películas, en la televisión, en las propagandas, en línea y, quizás, de la experiencia personal. Las Escrituras hablan directamente del amor. La Biblia nos dice lo que es el amor y cómo podemos demostrarlo.

PARA PENSAR:

Generalmente, ¿cuál es el concepto que el mundo tiene del amor?

¿QUÉ ES EL AMOR GENUINO?

1. ¿Cómo se define el amor?

   a. ¿Cuáles son algunas definiciones del diccionario que reflejan un punto de vista secular acerca de la palabra *amor*? _____

   _____

   _____

   b. ¿Cómo define el amor un diccionario bíblico? _____

   _____

   _____

   c. ¿En qué difieren las dos? _____

   _____

   _____

2. Según 1 Corintios 13:4-8, enumere algunas características del amor *agape*.

LO QUE ES EL AMOR	LO QUE NO ES EL AMOR

Con base en este pasaje, ¿cuáles son las dos o tres conclusiones más importantes a las que puede llegar acerca del amor?

3. Lea cuidadosamente 1 Juan 4:8-21.

   a. ¿Qué hecho importante acerca de Dios ve en los versículos 8 y 16?

   b. ¿Qué ha hecho Dios para demostrar su amor por nosotros?

c. Debido al amor de Dios por nosotros, ¿cuál debería ser nuestra respuesta (versículos 11, 19)? _____

_____

_____

d. ¿Hasta qué punto pueden existir juntos el amor y el temor (versículo 18)? _____

_____

_____

EL FOCO DE SU AMOR

4. Según los pasajes que ha estudiado, ¿cómo definiría el amor con sus propias palabras?

_____

_____

_____

5. Lea Juan 13:34-35.

   a. ¿Cuál es una de las evidencias más definitivas de que usted es seguidor de Cristo? _____

   _____

   _____

   b. ¿Por qué cree que Jesús le dio semejante énfasis a demostrar el amor?

   _____

   _____

El amor entra a las acciones cotidianas en una variedad de formas. Mucha gente se relaciona con otros solamente con el acuerdo tácito de «si tú haces tu parte, yo haré la mía». Esta forma condicional de entregarnos no es amor. Dios quiere que digamos: «Yo te amaré aunque no reciba nada a cambio». Este dar desinteresado y amoroso es el que Dios quiere que se desarrolle en nuestras actitudes y acciones.

EL AMOR EN HUMILDAD

6. La humildad se origina cuando se tiene la perspectiva correcta de Dios y de nosotros mismos. ¿Qué nos dicen los siguientes versículos acerca de nuestra perspectiva hacia Dios y hacia nosotros mismos?

Jeremías 9:23-24 _____

_____

Filipenses 2:3-4 _____

7. Lea 1 Pedro 5:5-6

   a. ¿Qué enseña el pasaje acerca de la humildad? _____

   _____

   b. ¿Por qué cree que Dios le da un valor tan alto a la humildad en la vida

   de una persona? _____

   _____

8. Considere Romanos 12:3.

   a. ¿Qué error debemos tener cuidado de evitar? _____

   _____

   b. ¿Cuáles son los resultados de sobreestimarnos a nosotros mismos? ___

   _____

   _____

   c. ¿Cuáles son los resultados de subestimarnos a nosotros mismos? ___

   _____

   _____

EL ORGULLO

Tener una opinión demasiado elevada de sí mismo: «¡Dios no puede arreglárselas sin mí!».	Tener una opinión demasiado baja de sí mismo: «¡Dios no puede hacer nada conmigo!».

Ambas situaciones de esta ilustración son manifestaciones de orgullo porque la persona está preocupada consigo misma.

9. Resuma la relación entre el amor y la humildad. _____

_____

_____

_____

_____

EL AMOR EN PALABRAS Y HECHOS

10. Lea Colosenses 4:6 y escriba una paráfrasis de él. _____

_____

_____

_____

11. Dios puede darle acciones y palabras amorosas. Según los versículos siguientes, ¿qué pueden hacer las palabras correctas?

    Proverbios 12:25 _____

    _____

    Proverbios 15:23 _____

    _____

    Proverbios 16:24 _____

    _____

    Proverbios 23:16 _____

    _____

    El amor no es simplemente un sentimiento interno, sino también una acción de la voluntad. El amor se puede conocer solamente con las acciones que produce.

12. Lea 1 Juan 3:16-18. Indique cómo se puede demostrar el amor hacia otros.

    _____

    _____

    _____

    _____

13. Enumere algunas formas prácticas en las que puede demostrar amor personalmente hacia cristianos y no cristianos.

Cristianos

_____

_____

_____

_____

No cristianos

_____

_____

_____

_____

> Amar a todo el mundo
> Para mí no es tarea;
> Mi único problema verdadero
> Es mi prójimo que tengo al lado.
>
> —C. W. VANDERBERGH

RESUMEN

Repase los siguientes subtemas del capítulo y escriba su propio resumen de cada sección.

¿Qué es el amor genuino?

_____

_____

_____

_____

El foco de su amor

_____

_____

_____

_____

El amor en humildad

_____

_____

_____

_____

El amor en palabras y hechos

_____

_____

_____

_____

TAREA PARA LA SESIÓN 6

1. *Memorización de las Escrituras*: Estudie y complete la «Guía de memorización de las Escrituras—Semana 6» (páginas 51-52). Memorice el (los) versículo(s) sobre «Necesidad de recibir a Cristo»: Juan 1:12 y Romanos 10:9-10 (recomendado pero opcional).

2. *Tiempo a solas*: Siga leyendo, marcando, respondiéndole a Dios en oración, anotando en *Los puntos sobresalientes de mi lectura* y utilizando una hoja de oración.

3. *Estudio bíblico*: Complete el estudio bíblico «La pureza de vida» (páginas 52-58).

4. *Evangelización*: ¿Todavía necesita contar «Mi historia», con o sin notas, en menos de cuatro minutos?

SESIÓN 6

BOSQUEJO DE ESTA SESIÓN

1. Inicie la sesión con oración.

2. Divídanse en grupos de repaso de versículos y cite el (los) versículo(s) sobre «Necesidad de recibir a Cristo»: Juan 1:12 y Romanos 10:9-10 (recomendado pero opcional).

3. Comparta los pensamientos del tiempo a solas de *Los puntos sobresalientes de mi lectura*.

4. Escuche a los que todavía tienen que contar «Mi historia», con o sin notas, en menos de cuatro minutos.

5. Discuta el estudio bíblico «La pureza de vida» (páginas 52-58).

6. Lea «Tarea para la sesión 7» (página 58).

7. Termine la sesión con oración.

GUÍA DE MEMORIZACIÓN DE LAS ESCRITURAS— SEMANA 6

Acerca de los versículos
TEMA 5: NECESIDAD DE RECIBIR A CRISTO

El Nuevo Testamento enseña que somos salvos únicamente por creer en Jesucristo; no se requiere de nada más. Hoy día, *creer* a menudo significa simplemente dar una aprobación mental. Muchos dicen: «Ah, sí, yo creo en Dios». Pero en la Biblia, creer significa confiar completamente en Jesucristo como Salvador del pecado y comprometerse decididamente con él. Pablo escribió: «En el evangelio se revela la justicia que proviene de Dios, la cual es por fe de principio a fin» (Romanos 1:17, NVI). Cuando tenemos fe en que Cristo murió por nosotros personalmente, demostramos nuestra fe al colocar toda nuestra confianza en el sacrificio de Cristo en la cruz por nosotros. Nos apartamos de nuestro pecado, recibimos a Cristo y aceptamos el regalo de la vida eterna. Su trabajo de memorización de esta semana hace énfasis en la importancia tanto de creer (que se deja ver en las obras) como de verbalizar esa fe.

Juan 1:12—Juan equiparó recibir a Jesucristo con creer en él. Así es como uno llega a ser hijo de Dios. A todos les es familiar el hecho de recibir un regalo. Uno simplemente lo toma, le agradece a la persona que lo dio y luego disfruta el regalo.

Romanos 10:9-10 (recomendado pero opcional)—Hay un momento marcado, en el que una persona llega a conocer el evangelio y cree en él. Él o ella entiende la muerte sustitutiva de Cristo en la cruz, el perdón del pecado y la posesión legítima de Cristo sobre la vida de uno. La persona se da cuenta con su corazón y mente: «Ahora entiendo lo que Cristo hizo en la cruz y sé que murió por mí».

Es importante que una persona confirme su fe en Cristo al reconocerlo verbalmente como Salvador y Señor. Una forma de hacer esto es agradecerle en oración por el perdón y la vida eterna a través de Cristo y luego declararle claramente a otro cristiano que ha creído y aceptado el evangelio de Cristo. Puede haber situaciones peligrosas, familiares o culturales, que hacen que sea inseguro compartirlo con cualquiera excepto con un cristiano.

Su plan semanal

1. A estas alturas, quizás está motivado para comenzar a aprender su(s) versículo(s) nuevo(s) el primer día después de su clase.

2. Cada día, repase todos sus versículos del libro 3, así como los versículos memorizados durante los libros 1 y 2.

3. Antes de su próxima reunión de grupo, escriba su(s) versículo(s) nuevo(s) de memoria o cítelo(s) a alguien, solo para verificar su exactitud.

LA PUREZA DE VIDA

Se ha afirmado: «La moralidad nueva no es nada más que la antigua inmoralidad con ropa moderna». Mientras la sociedad experimenta una decadencia moral, llega a ser cada vez menos popular que el cristiano tome una postura firme en cuanto a las morales absolutas de la Palabra de Dios. Aunque mucha gente busca libertad de toda responsabilidad moral, los cristianos encontrarán la mayor bendición de Dios solamente al seguir viviendo de acuerdo con los principios y las pautas de la Palabra de Dios.

PARA PENSAR:

Generalmente, ¿qué usa el mundo como estándares para evaluar la moralidad?

EL ESTÁNDAR DE DIOS

1. ¿Cuál es el estándar de Dios para la pureza (1 Pedro 1:15-16)?

_____

_____

_____

¿Cómo cree que Dios espera que logremos este estándar? _____

_____

_____

2. De acuerdo con los versículos siguientes, ¿cuáles son algunas maneras en las que podemos (con la ayuda de Dios) exhibir su estándar?

Mateo 5:21-22 _____

_____

Mateo 5:27-28 _____

_____

Romanos 12:1-2 _____

_____

2 Corintios 7:1 _____

_____

Cada hombre tiene un hilo que siguen sus pensamientos cuando está solo. La dignidad y la nobleza de su vida, así como su felicidad, dependen de la dirección en la que se deslice ese hilo, los antecedentes que conlleva y las imágenes que lo acompañan.

—JOSEPH FORT NEWTON

3. Estudie Colosenses 1:21-23.

a. ¿Qué ha hecho Dios para asegurar nuestra santidad? _____

_____

_____

b. ¿Qué tenemos que hacer nosotros? _____

_____

_____

LA IMPORTANCIA DE LA PUREZA PERSONAL

4. Lea 1 Corintios 6:12-20.

a. Enumere varias razones por las que debemos evitar la inmoralidad.

_____

_____

_____

b. ¿Cómo cree que el comportamiento inmoral afecta nuestra relación con Dios?

_____

_____

c. ¿Cómo afecta nuestra relación con otros? (Considere tanto a cristianos como a no cristianos).

_____

_____

_____

_____

5. Los estándares del mundo difieren grandemente de los de Dios. Según 1 Juan 2:15-16, ¿cuáles son las tres características de la gente que reflejan los estándares del mundo? Por favor enumérelas y defínalas a continuación.

CARACTERÍSTICA	DEFINICIÓN
1. _____	_____
2. _____	_____
3. _____	_____

6. ¿Qué dicen las Escrituras de las siguientes excusas para el comportamiento moral incorrecto?

a. «Ya que todos los demás lo hacen, debe ser correcto».

Proverbios 14:12 _____

_____

b. «Necesito descubrir solamente lo que es correcto para mí».

Eclesiastés 11:9 _____

_____

_____

c. «Nadie se dará cuenta nunca de lo que hice».

Hebreos 4:13 _____

_____

d. «Dejaré de hacerlo después de esta única vez».

Gálatas 6:7-8 _____

_____

e. «En realidad no hice nada; todo lo que hice fue pensarlo».

Mateo 5:28 _____

_____

7. La batalla por la pureza se encuentra en la mente. Lea Romanos 8:5-8.

a. ¿Qué dos clases de gente se mencionan en este pasaje? _____

_____

_____

b. ¿Cuáles son los resultados de cada mentalidad? _____

_____

_____

EL CAMINO A LA PUREZA

8. ¿En qué debemos decidir enfocar nuestros pensamientos (Filipenses 4:8)?

_____

_____

Sugiera algunas cosas prácticas para motivarlo a reflexionar en estas

cosas. _____

_____

_____

_____

Trate de olvidar el número 13. Cuando lo haya olvidado, marque este recuadro: ☐.
Así es como algunas personas tratan de evitar la inmoralidad: creen que simplemente pueden obligarse a no pensar en ella. Es imposible eliminar un pensamiento incorrecto de su mente, a menos que lo sustituya por algo bueno. ¿Cómo podría el memorizar y meditar en las Escrituras proteger su vida interior?

_____

_____

9. Lea Efesios 4:17-24.

   a. ¿Cómo describe el pasaje el estilo de vida de un no cristiano?

_____

_____

_____

   b. ¿Qué pasos debe dar el cristiano para vencer su antigua forma de vida (versículos 22-24)? _____

_____

_____

_____

   c. ¿Cuáles son algunas maneras prácticas de hacer esto? _____

_____

_____

_____

10. Según los siguientes versículos, ¿qué podemos hacer para vivir una vida limpia, que sea agradable al Señor?

   Salmo 119:9-11 _____

_____

   Proverbios 4:14-15 _____

_____

   Romanos 13:14 _____

_____

   Gálatas 5:16 _____

_____

11. Estudie Génesis 39:7-12 y 2 Samuel 11:1-4. Compare los acontecimientos de la vida de José con los de la vida de David.

a. ¿Cuáles son las circunstancias que los rodean?

JOSÉ	DAVID

b. ¿Cuáles son sus respectivas actitudes?

JOSÉ	DAVID

c. ¿Cuáles fueron sus actos consecuentes?

JOSÉ	DAVID

d. ¿Por qué cree que estos dos hombres reaccionaron de manera distinta a una situación similar?

12. ¿Qué estándares bíblicos tiene usted en cuanto a su relación con el sexo opuesto? Por favor anote dos de ellos y en qué versículos se basan. _____

Ustedes dicen: «La comida se hizo para el estómago, y el estómago, para la comida». (Eso es cierto, aunque un día Dios acabará con ambas cosas). Pero ustedes no pueden decir que nuestro cuerpo fue creado para la inmoralidad sexual. Fue creado para el Señor, y al Señor le importa nuestro cuerpo.

—1 Corintios 6:13

RESUMEN

Repase los siguientes subtemas del capítulo y escriba su propio resumen de cada sección.

El estándar de Dios

_____

_____

La importancia de la pureza personal

_____

_____

El camino a la pureza

_____

_____

TAREA PARA LA SESIÓN 7

1. *Memorización de las Escrituras*: Estudie y complete la «Guía de memorización de las Escrituras—Semana 7» (páginas 59-60). Memorice el (los) versículo(s) sobre «Garantía de la salvación»: 1 Juan 5:13 y Juan 5:24 (recomendado pero opcional).

2. *Tiempo a solas*: Siga leyendo, marcando, respondiéndole a Dios en oración, anotando en *Los puntos sobresalientes de mi lectura* y utilizando una hoja de oración.

3. *Evangelización*:
   a. ¿Todavía necesita contar «Mi historia», con o sin notas, en menos de cuatro minutos?
   b. Lea el material sobre La ilustración del puente (páginas 60-71) y esté preparado para discutirla con su grupo.

SESIÓN 7

BOSQUEJO DE ESTA SESIÓN

1. Inicie la sesión con oración.
2. Divídanse en grupos de repaso de versículos y citen el (los) versículo(s) sobre «Garantía de la salvación»: 1 Juan 5:13 y Juan 5:24 (recomendado pero opcional).
3. Comparta algunos pensamientos del tiempo a solas de *Los puntos sobresalientes de mi lectura*.
4. Escuche a los que todavía tienen que contar «Mi historia», con o sin notas, en menos de cuatro minutos.
5. Discuta La ilustración del puente (páginas 60-71).
6. Lea la «Tarea para la sesión 8» (página 71).
7. Termine la sesión con oración.

GUÍA DE MEMORIZACIÓN DE LAS ESCRITURAS— SEMANA 7

Acerca de los versículos
TEMA 6: GARANTÍA DE LA SALVACIÓN

Es casi imposible desarrollar una estructura sólida sobre un fundamento tambaleante. Y es muy difícil crecer adecuadamente en la vida cristiana si uno no está seguro de su salvación. Algunos cristianos no creen que se puede saber si uno tiene vida eterna. Otros miden la seguridad de su salvación con sus sentimientos, un fundamento sumamente inestable. Pero Dios quiere que *sepamos* que tenemos vida eterna.

1 Juan 5:13—Juan afirmó claramente que su objetivo principal en esta epístola era ayudar a los que creían en Jesucristo a saber que tienen vida eterna. Pero ¿cómo podemos saberlo? Una evidencia es nuestro deseo de agradar a Dios, lo cual es resultado de la residencia del Espíritu Santo en nuestro cuerpo. Otras evidencias de la vida nueva en Cristo son el deseo de leer su Palabra, de tener comunión con él en oración, de tener compañerismo con otros creyentes y de hablar con otros de Cristo. Pero la base sobre la que se apoya toda la evidencia es la promesa de la Palabra de Dios.

Juan 5:24 (recomendado pero opcional)—Jesús dijo que si oímos su palabra y creemos en el Padre a través de Jesucristo, tenemos vida eterna. Esta vida eterna es una posesión *presente*. Nunca tendremos que enfrentar juicio por nuestros pecados porque el momento en el que creemos, pasamos de muerte espiritual a vida espiritual. La base principal de la seguridad de la salvación es creer lo que Dios dice de ella, lo que él ha prometido.

Su plan semanal

1. Durante su repaso diario, póngale atención especial a sus versículos de memoria más recientes. No se apresure en el repaso. Piense en el significado y en las implicaciones de los versículos para su propia vida.

2. Use los momentos libres durante su día para memorizar y repasar. Unos cuantos minutos cada día pueden permitirle repasar todos los versículos que ha memorizado en los libros 1-3 de LA SERIE 2:7.

3. Al final de la semana, escriba su(s) versículo(s) nuevo(s) de memoria o cítelo(s) a alguien, solo para verificar su exactitud.

LA ILUSTRACIÓN DEL PUENTE

CÓMO UTILIZAR LA ILUSTRACIÓN DEL PUENTE PARA COMUNICAR EL EVANGELIO

La ilustración del puente es uno de muchos métodos efectivos para presentar el evangelio. Se ha usado con éxito para comunicar el evangelio durante muchos años y en muchos contextos, en grupos y de persona a persona. Verá que es una herramienta útil y poderosa para explicar el evangelio.

Muchas variaciones de La ilustración del puente están en uso. La presentación que se describe aquí es relativamente simple y directa. Su líder de grupo podría pedirle que haga ajustes en su libro de trabajo al formato que se presenta aquí. Aprenda el método que él o ella presente, y llegue a ser hábil con ese método. Después de que haya usado este método para presentar el evangelio a varias personas, quizás tenga que hacerle unos cuantos ajustes al formato para hacerlo más suyo. Esta ilustración llegará a ser una herramienta afilada en sus manos si estos ajustes se basan en la experiencia de comunicar el evangelio a personas reales.

FLEXIBILIDAD

La ilustración del puente puede requerir tan poco como diez minutos para presentarla, o se puede extender a una hora o más. Una presentación normal durará de quince a treinta minutos. La flexibilidad de esta presentación es una de sus cualidades más grandes. Se puede ajustar específicamente para una persona o una situación particular.

SENSIBILIDAD

La forma en la que el Espíritu Santo lo guíe a testificar variará en distintas situaciones. Es importante ser observador y sensible mientras se relaciona con la persona a la que le comparte El puente. En cualquier clase de situación de ministerio, es importante que ore en silencio y que le pida a Dios guía, sabiduría y la habilidad de comunicar el evangelio de una forma clara.

LA INTRODUCCIÓN

La experiencia ha comprobado que es útil tener algunos comentarios y preguntas en mente para ayudar a abrir la puerta para presentar el evangelio. Si no ha hablado mucho de temas espirituales, podría decir: «Todos estamos en un viaje espiritual. ¿Dónde dirías que estás en ese viaje?». Frecuentemente, un tiempo ideal para compartir el evangelio es después de que una persona haya oído una historia de salvación, la de usted o la de alguien más. Primero querrá obtener la reacción de esa persona a la historia de salvación que ha oído, diciendo algo como: «Pues, esa es mi historia. ¿Qué te parece?». O: «Bueno, acabas de oír su historia. ¿Cuál es tu reacción a lo que le pasó a ella?». Una introducción más directa es: «¿Y tú, Patricia? ¿Has pensado alguna vez en cuanto a lo que se requiere para ir al cielo?».

Si hay tiempo para hablar más y la persona muestra interés y la capacidad para oír más, podría decir algo así: «Sabes, Jaime, hay una ilustración que resume y aclara lo que significa llegar a ser un verdadero cristiano y saber con seguridad que tienes vida eterna. Si tienes unos cuantos minutos, ¿puedo explicártelo?». Si dice que sí, usted puede proceder.

Si siente que la persona ha oído tanto como puede asimilar en ese momento, podría decir algo así: «Sabes, Patricia, hay un diagrama que aclara lo que significa ser un verdadero cristiano y saber con certidumbre que tienes vida eterna. En alguna ocasión, cuando tengas unos quince o veinte minutos, por qué no nos sentamos y te lo dibujo, ¿de acuerdo?». Luego, en un tiempo posterior y apropiado, puede pedir permiso para explicar la ilustración.

En muchas situaciones, le parecerá natural pedir permiso para hacer la ilustración sin haber compartido su historia de salvación.

PRESENTACIÓN

Una de las maneras más efectivas para presentar el evangelio utilizando La ilustración del puente es haciendo preguntas acerca de las Escrituras que le permitirán a la persona ver cada verdad directamente en la Biblia. Tendrá que transmitir cuatro conceptos mientras dibuja El puente:

1. El propósito de Dios:	Vida abundante (Juan 10:10)
	Vida eterna (Juan 3:16)
2. Nuestro problema:	Todos hemos pecado (Romanos 3:23; Isaías 53:6)
	La paga del pecado (Romanos 6:23; Hebreos 9:27)
3. El remedio de Dios:	Cristo dio la paga (Romanos 5:8; 1 Pedro 3:18)
	Salvación no por obras (Efesios 2:8-9; Tito 3:5)
4. Nuestra respuesta:	Necesidad de recibir a Cristo (Juan 1:12; Romanos 10:9-10)
	Garantía de la salvación (Juan 5:24; 1 Juan 5:13)

Generalmente solo usará un versículo de cada uno de los cuatro temas cuando presente el evangelio.

Los diagramas de las páginas 63-66 muestran la forma en que su ilustración se desarrollará a medida que usted la presenta. El texto impreso muestra cómo puede usar las preguntas para presentar este material. Debe observar que cada segmento se presenta con una frase de transición, seguida de una o más preguntas. Después de que la persona haya tenido la oportunidad de declarar sus observaciones, aclare y resuma cada punto y haga la transición al siguiente pasaje bíblico.

Así que somos embajadores de Cristo; Dios hace su llamado por medio de nosotros. Hablamos en nombre de Cristo cuando les rogamos: «¡Vuelvan a Dios!». (2 Corintios 5:20)

Más bien, santifiquen en su corazón a Cristo como Señor y estén siempre listos para responder a todo el que les pida razón de la esperanza que hay en ustedes, pero háganlo con mansedumbre y reverencia. (1 Pedro 3:15, RVA-2015)

DIÁLOGO: **EL PROPÓSITO DE DIOS**

«Veamos dos versículos de la Biblia que nos hablan de lo que Dios quiere para nosotros».

Juan 10:10
Pregunta: «¿Cuál es una de las razones por las que Dios envió a su Hijo, según lo que dice este pasaje?».

Transición: «**Dios quiere que experimentemos una vida plena y abundante. Esto incluiría cosas como el amor, la paz, el propósito y la satisfacción**».

EL PROPÓSITO DE DIOS < Juan 10:10 Vida plena y abundante / Juan 3:16 Vida eterna

NOSOTROS — **DIOS**

Juan 3:16

Pregunta: «¿Cuál razón adicional ves para que Dios enviara a su Hijo?».

Transición: **«Así que, de acuerdo con estas declaraciones, podemos decir que Dios quiere que experimentemos una vida plena y abundante ahora, y una vida eterna tanto en esta vida como después de la muerte».**

DIÁLOGO: **NUESTRO PROBLEMA**

Comentario: «Pero tenemos un problema. Dios no nos creó como sus robots, para que lo amemos y vivamos una vida perfecta automáticamente. Dios nos dio una voluntad y un libre albedrío. Nuestros pecados nos separan de él».

Romanos 3:23

Pregunta: «¿Qué dice este versículo de todas las personas? ¿Me incluye a mí? ¿Te incluye a ti? ¿Cómo describirías al pecado según este versículo?».

Transición: **«¿Te has preguntado alguna vez qué efecto tiene nuestro pecado? Veamos otro pasaje».**

Hebreos 9:27

Pregunta: «¿Qué es una cosa que la muerte trae consigo?».

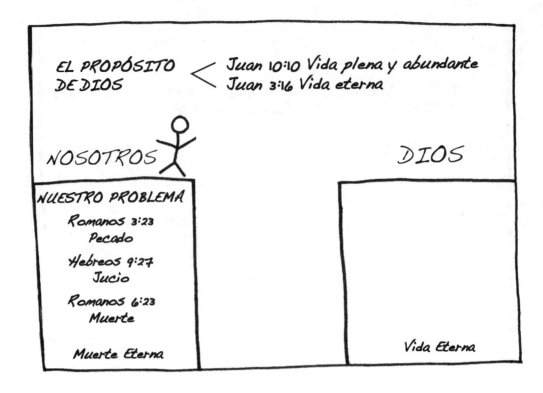

EL PROPÓSITO DE DIOS
Juan 10:10 Vida plena y abundante
Juan 3:16 Vida eterna

NOSOTROS — DIOS

NUESTRO PROBLEMA
Romanos 3:23 Pecado
Hebreos 9:27 Jucio
Romanos 6:23 Muerte
Muerte Eterna

Vida Eterna

Comentario: «Puedes ver con esta declaración que cada uno de nosotros morirá físicamente, y después de que muramos físicamente, enfrentaremos el juicio».

Romanos 6:23
Pregunta: «¿Cómo definirías *paga*?»

Transición: **«Entonces, vemos que hemos pecado y que hay consecuencias eternas por nuestros pecados. Dios da un remedio maravilloso para nuestro problema, si tenemos la suficiente humildad para aceptarlo».**

DIÁLOGO: **EL REMEDIO DE DIOS**

Comentario: «A pesar del hecho de que le hemos dado la espalda a Dios y lo hemos desobedecido, él ha dado un remedio para que podamos conocerlo personalmente. Él quiere darnos vida plena y abundante tanto como vida eterna. Solo un puente puede atravesar la brecha que existe entre una persona y Dios, y ese puente es Jesucristo, a través de su muerte en la cruz».

Romanos 5:8
Pregunta: «¿Quería Dios que llegáramos a ser dignos antes de que él proveyera una solución? ¿Qué hizo Dios?».

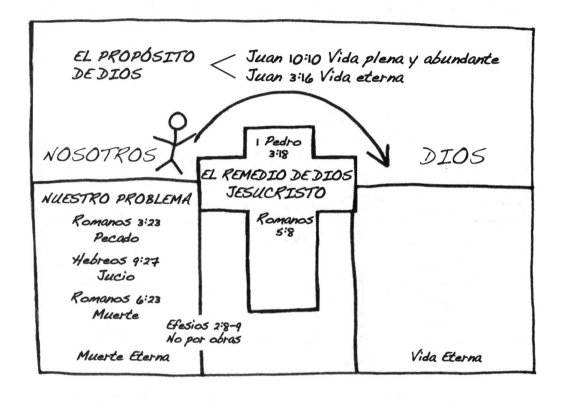

EL PROPÓSITO DE DIOS < Juan 10:10 Vida plena y abundante / Juan 3:16 Vida eterna

NOSOTROS

1 Pedro 3:18
EL REMEDIO DE DIOS JESUCRISTO
Romanos 5:8

DIOS

NUESTRO PROBLEMA

Romanos 3:23
Pecado

Hebreos 9:27
Jucio

Romanos 6:23
Muerte

Efesios 2:8-9
No por obras

Muerte Eterna

Vida Eterna

Transición: «La gente usa muchas estrategias para tratar de buscar el favor de Dios y de asegurarse la vida eterna».

Efesios 2:8-9

Pregunta: «¿Qué dice la Biblia acerca de la relación que hay entre la salvación y nuestros esfuerzos por ser buenos? ¿Cuál es una razón por la que Dios no acepta nuestras buenas obras como pago por nuestros pecados?».

(Quizás decida usar 1 Pedro 3:18. Es un poderoso versículo de resumen y un versículo excelente para hacer énfasis en la buena noticia de la resurrección de Cristo).

Transición: «Veamos cuál podría ser nuestra respuesta al remedio de Dios».

DIÁLOGO: **NUESTRA RESPUESTA**

Comentario: «La fe verdadera ocasiona una respuesta de nuestra parte. Cristo ha hecho posible que crucemos al lado de Dios y que experimentemos la vida plena que él quiere que tengamos. Pero no estamos automáticamente en el lado de Dios».

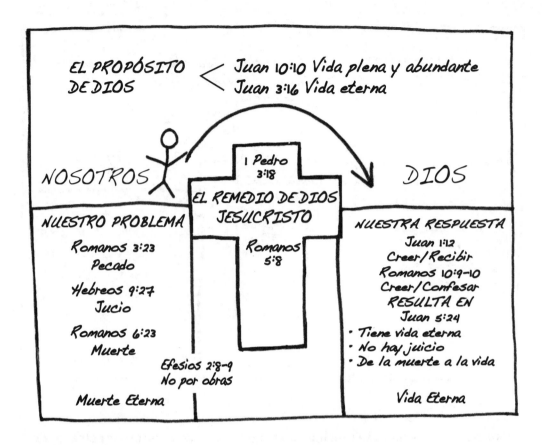

El Propósito de Dios
< Juan 10:10 Vida plena y abundante
  Juan 3:16 Vida eterna

NOSOTROS

I Pedro 3:18
EL REMEDIO DE DIOS JESUCRISTO

DIOS

NUESTRO PROBLEMA

Romanos 3:23
Pecado

Hebreos 9:27
Jucio

Romanos 6:23
Muerte

Romanos 5:8

Efesios 2:8-9
No por obras

Muerte Eterna

NUESTRA RESPUESTA
Juan 1:12
Creer/Recibir
Romanos 10:9-10
Creer/Confesar
RESULTA EN
Juan 5:24
• Tiene vida eterna
• No hay juicio
• De la muerte a la vida

Vida Eterna

Juan 1:12

Pregunta: «Este pasaje, ¿con qué equipara el creer? ¿Qué significa para ti recibir a Cristo?» (A estas alturas, podría aclarar que creer y recibir involucran nuestra mente, nuestras emociones y nuestra voluntad).

Comentario: «Dios no quiere que nos preguntemos si tenemos vida eterna o no; él quiere que estemos seguros. La Biblia dice: "Les he escrito estas cosas a ustedes, que creen en el nombre del Hijo de Dios, para que sepan que tienen vida eterna" (1 Juan 5:13)».

INVITACIÓN PERSONAL

Supongamos que ha estado compartiendo el evangelio con Susana. Podría usar algunas de las siguientes sugerencias para ayudarla a desplazarse hacia un compromiso personal:

1. «¿Esto tiene sentido para ti?»
2. «¿Tienes alguna pregunta en cuanto a esto?»
3. «¿Dónde te colocarías en esta ilustración?»

a. Si Susana dice: «En el lado de Dios», usted podría preguntar: «¿Con base en qué crees que irás al cielo?». (Su respuesta le dirá dónde se encuentra; tal vez esté encima del puente y todavía no lo ha cruzado).

b. Si señala el lado izquierdo o el puente, pregunte: «¿Qué tienes que creer o hacer para estar en el lado de Dios?». Vea si puede comunicar claramente los temas del evangelio y la necesidad de creer en Cristo y de recibirlo. Usted podría decir: «¿Hay alguna razón por la que no deberías atravesar el puente hacia el lado de Dios y estar segura de la vida eterna?».

4. Si es receptiva al evangelio, pregunte: «¿Te gustaría recibir a Jesucristo ahora mismo? Si así es, me encantaría orar contigo y ayudarte a hacerlo».

5. Si cree que ella entiende el evangelio, pero todavía no está lista para confiarle su vida a Cristo, anímela a que piense más en estas cosas y que las considere. Asegúrese de que ella se lleve La ilustración del puente a casa. Tal vez puede discutir el evangelio otra vez más adelante e involucrarla en alguna clase de estudio bíblico investigativo.

6. Cualquiera que sea su reacción, asegúrese de que ella entienda que tiene que orar de manera específica para afirmar su fe en Cristo. Es tan sencillo como recordar las letras A, C, E:

A—Admitir su pecado y estar dispuesto a alejarse de él.

C—Creer que Cristo murió por sus pecados y que resucitó.

E—Entregarle la vida a Cristo como Salvador y Señor.

Puede ver que A, C, E corresponden a Nuestro problema, El remedio de Dios y Nuestra respuesta.

SUGERENCIAS PRÁCTICAS

1. No memorice La ilustración del puente. Aprenda los principios, las ideas, los versículos y las oraciones clave. Aprópiese de ella.

2. Haga un bosquejo de la presentación como le gustaría darla, y practique haciéndola solo.

3. Dibuje la ilustración mientras habla y escucha.

4. Use una Biblia en lugar de citar los versículos. Pídale a la persona no cristiana que lea los versículos en voz alta en una Biblia.

5. Si la persona no cristiana hace objeciones durante su presentación, puede decir: «Es una buena pregunta. Para el bien de la continuidad, ¿puedo intentar responderla después de terminar la ilustración?».

6. La meta final es llevar a la persona a la salvación en Cristo. Proceda tanto como el Espíritu le dé libertad de hacerlo. Si la persona no cristiana está dispuesta a recibir a Cristo, ayúdela a orar para que lo haga.

En este curso, mientras presenta El puente, no se espera que use todas las preguntas interactivas que se le proporcionan. En la sesión 8, usted dibuja el bosquejo de La ilustración del puente. Eso quiere decir las cosas visuales: las palabras, los precipicios, la cruz y las citas bíblicas. En las sesiones 9 y 10, usted dibuja El puente a medida que lo explica verbalmente. Es deseable que lo practique solo para prepararse para esas dos presentaciones.

MUESTRA: CÓMO PODRÍAN SONAR SUS DOS PRESENTACIONES

No es requerido, pero si tiene el tiempo, puede aprenderse algunas de las preguntas y las declaraciones de transición que se sugieren en este capítulo. Después de este curso, quizás usted quiera apartar tiempo para aprenderse las preguntas y las declaraciones de transición y reescribirlas usando sus propias palabras.

A continuación hay una muestra de cómo podría ser su tipo de «conferencia» cuando se la dé a uno de sus compañeros de clase en las sesiones 9 y 10. (Pídale a su compañero que lea cada uno de los versículos en voz alta, pero su compañero no debería hacer preguntas ni interactuar con usted. Para un cambio de ritmo, usted podría leer un versículo de vez en cuando). A medida que piensa en el significado de cada versículo y aprende la secuencia para dibujar El puente, probablemente hará una mejor presentación que este breve ejemplo a continuación:

Primero veamos un par de versículos que explican cuál es **El propósito de Dios** para ti y para mí. Veamos el libro de Juan, capítulo 10 y versículo 10. [El versículo se lee en voz alta]. Como puedes ver, dice que Dios quiere que tengamos un tipo de vida plena, abundante, de calidad. En realidad él quiere lo mejor para nosotros. Leamos Juan 3:16. [Se lee el versículo en voz alta]. Entonces ves en Juan 3:16 que Dios también quiere que tengamos vida eterna para que podamos vivir con él después de esta vida.

Después veamos **Nuestro problema**. Tenemos que ver el lado de la mala notica de nuestra situación antes de que veamos el lado de la buena noticia.

Una pregunta es por qué tanta gente no experimenta la vida plena que Dios quiere para ellos. Veamos Romanos 3:23. [Se lee el versículo en voz alta]. Vemos que yo he pecado y que tú has pecado. Cada persona del mundo ha hecho cosas moralmente incorrectas ante los ojos de Dios, en diversos grados. Leamos Hebreos 9:27. [Se lee el versículo en voz alta]. Este versículo dice que todos moriremos físicamente y luego estaremos ante Dios como nuestro juez. Ahora leamos Romanos 6:23. [Se lee el versículo en voz alta]. El pago por nuestros pecados es la muerte eterna o la separación de Dios.

Pero Dios ha provisto un remedio maravilloso (**El remedio de Dios**) para nuestro dilema terrible. Veamos Romanos 5:8. [Se lee el versículo en voz alta]. Es increíble, pero Cristo murió en nuestro lugar. En la cruz, él tomó sobre sí mismo el castigo por nuestros pecados.

Ahora veamos Efesios 2:8-9. [Se lee el versículo en voz alta]. Mucha gente cree que Dios lleva la cuenta de lo que hacemos, ya sea bueno o malo, y que cuando morimos, Dios hace la cuenta. Si hemos hecho más cosas buenas que malas, vamos al cielo. Puedes ver en Efesios 2:8-9 que la vida eterna es un regalo. Romanos 6:23, que vimos antes, también dice que la vida eterna es un regalo. No podemos trabajar por un regalo. Si trabajamos por eso, entonces es un pago. Puedes ver aquí en Efesios 2 que la salvación y la vida eterna no nos llegan a través de nuestras buenas obras.

Finalmente, tenemos que ver **Nuestra respuesta**. La vida eterna es un regalo gratuito, pero cada persona debe extender sus manos y recibir o aceptar ese regalo gratuito, abrazándolo por fe. Nadie tiene automáticamente el regalo de vida eterna, pero podemos pedir la vida eterna con base en el entendimiento de la muerte de Cristo en la cruz por nosotros.

Leamos Juan 1:12. [Se lee el versículo en voz alta]. Juan 1:12 dice que cuando alguien extiende sus manos y recibe a Cristo en su corazón (o en su vida interior), esa persona se convierte en hijo de Dios de una manera nueva y muy especial.

Veamos Romanos 10:9-10. [Se lee el versículo en voz alta]. ¿Crees las cosas que hemos visto en estos versículos? ¿Las crees en lo profundo de tu corazón, como lo dice aquí en Romanos 10? A Dios le encantaría oírte decirle en voz alta que las crees. Sugiero que dentro de unos minutos le hagamos una oración sencilla a Dios y le hagamos saber que crees estas cosas y que quieres que Cristo entre al centro de tu vida.

Pero veamos un versículo final de resumen. ¡Es maravilloso! Veamos Juan 5:24. [Se lee el versículo en voz alta]. Ves que dice que si una persona oye estas cosas de las que estamos hablando, y si esa persona las cree sinceramente de corazón, tres cosas pasan. Primero, esta persona tiene vida eterna justo ahí en ese momento. Segundo, esa persona nunca tendrá que estar ante Dios, como Juez, y enfrentar consecuencias severas. Y tercero, esa persona pasa del lado de muerte eterna al lado de vida eterna.

Sugiero que hagamos una oración para «asegurarnos», que le hagamos una oración a Dios y dejemos que él oiga de tus labios que entiendes y crees lo que Cristo ha hecho por ti. Luego, pídele a Cristo que entre en tu corazón y vida y que aplique su muerte en la cruz para el perdón de tus pecados. Pídele que tome tu vida, que te dé el regalo de la vida eterna, que te ayude a llegar a ser todo lo que él quiere que seas y que te ayude a hacer lo que él quiere que hagas. Dile que te alejarás de tus pecados y que quieres vivir una vida nueva, cerca de él, en tanto que él te ayuda a hacerlo. Agradécele por Jesucristo. Termina diciendo: «Amén».

Por favor tenga en mente que esto es una muestra. Cuando explique El puente, hágalo de una manera que le sea clara y lógica a usted. Tanto el contenido de la presentación como la oración sugerida son altamente adaptables. Asegúrese de que su explicación de El puente y la oración de compromiso contengan todos los elementos esenciales.

Venga a la sesión 8 listo para hacer el bosquejo de El puente: todo lo que es visual. Luego, en las semanas siguientes, presentará El puente en forma de «conferencia», como se ilustra en la muestra que acabamos de ver. Haga notas breves que pueda consultar mientras practica haciendo el bosquejo de El puente como preparación para la sesión 8. Luego puede hacer notas para usarlas mientras practica para las presentaciones de conferencias, para las sesiones 9 y 10. Tener la imagen visual en la mente ayuda a recordar la secuencia.

Como parte de este curso, ha memorizado varios de los versículos que usará en El puente, pero cuando use La ilustración del puente, es mejor que lea los versículos en voz alta en lugar de citarlos.

Pablo estaba preparado para proclamar su fe:

Él explicó y dio testimonio acerca del reino de Dios y trató de convencerlos acerca de Jesús con las Escrituras. Usando la ley de Moisés y los libros de los profetas, les habló desde la mañana hasta la noche. Algunos se convencieron por las cosas que dijo, pero otros no creyeron.

—Hechos 28:23-24

TAREA PARA LA SESIÓN 8

1. *Memorización de las Escrituras*: Repase todos los versículos memorizados en el libro 3.
2. *Tiempo a solas*: Siga leyendo, marcando, respondiéndole a Dios en oración, anotando en *Los puntos sobresalientes de mi lectura* y utilizando una hoja de oración.
3. *Estudio bíblico*: Complete el estudio bíblico «La integridad en la vida» (páginas 73-78).
4. *Evangelización*:
   a. Prepárese para dibujar el bosquejo (versículos y puntos principales) de La ilustración del puente para otro miembro de su clase.
   b. ¿Todavía necesita contar «Mi historia» en clase, con o sin notas, en menos de cuatro minutos?

SESIÓN 8

BOSQUEJO DE ESTA SESIÓN

1. Inicie la sesión con oración.
2. Divídanse en grupos y esfuércese para que le firmen todo lo posible en *Mi registro de tareas completadas*.
3. Comparta algunos pensamientos del tiempo a solas de *Los puntos sobresalientes de mi lectura*.
4. Escuche a los que todavía tienen que contar «Mi historia», con o sin notas, en menos de cuatro minutos.
5. Discuta el progreso que ha tenido con personas no cristianas.
6. Divídanse en grupos de dos y túrnense para presentar el bosquejo de La ilustración del puente.
7. Discuta el estudio bíblico «La integridad en la vida» (páginas 73-78).
8. Lea la «Tarea para la sesión 9» (página 78).
9. Termine la sesión con oración.

LA INTEGRIDAD EN LA VIDA

Cada día tratamos con asuntos de lo correcto versus lo incorrecto, del bien versus el mal. Cuando batallamos con estos asuntos, mucha gente racionaliza su comportamiento e indiferencia a los estándares de Dios de integridad. Frecuentemente estos pecados se justifican o se ignoran. Llegan a ser los «vicios de los virtuosos»: pecados que pueden haber llegado a ser aceptados como la norma. Como seguidores de Cristo, queremos evitar las concesiones y la erosión sutil en nuestro carácter.

> **PARA PENSAR:**
>
> ¿Cómo definiría o describiría las *mentirillas inocuas*?

LA BATALLA POR LA INTEGRIDAD

Una persona íntegra, según una definición de la palabra, es alguien «que se comporta con rectitud y coherencia», «honrada y digna de respeto»[1].

1. Describa la condición natural de nuestro corazón (Jeremías 17:9). _____

_____

2. De acuerdo con los siguientes versículos, ¿cuáles son algunas de las formas en las que se nos puede engañar?

   Santiago 1:22 _____

   1 Juan 1:8 _____

   Romanos 16:17-18 _____

   Efesios 4:14 _____

   2 Corintios 11:3-4 _____

3. Saúl, el primer rey de Israel, es un buen ejemplo de un hombre que carecía de integridad personal. Por favor lea 1 Samuel 15:1-23.

   a. ¿Qué se le ordenó a Saúl hacer (versículos 1-3)? _____

   _____

   _____

   b. ¿Qué fue lo que hizo (versículo 9)? _____

   _____

   _____

   c. ¿Cómo trató de justificar su desobediencia (versículos 13-21)? _____

   _____

   _____

   d. ¿Cómo vio Dios la situación (versículos 22-23)? _____

   _____

   _____

4. Los hipócritas pretenden ser lo que no son. Estudie Marcos 7:6-8. Luego enumere lo que Jesús dice acerca de los hipócritas y dé un ejemplo de cada uno.

EL HIPÓCRITA	EJEMPLO

VIVIR UNA VIDA DE INTEGRIDAD

5. Lea 1 Tesalonicenses 2:3-11. ¿Cómo demostró una vida de integridad el apóstol Pablo?

a. Con sus palabras _____

_____

_____

_____

b. Con sus acciones _____

_____

_____

_____

c. Con sus intenciones _____

_____

_____

6. Lea 1 Timoteo 3:1-9.

a. De las cualidades que se requieren de una persona que busca servir

en la iglesia, ¿cuáles tienen que ver con la integridad? _____

_____

_____

b. Estas cualidades, ¿son para que las obtengan solo los líderes de la

iglesia o todos los cristianos? Explique. _____

_____

_____

7. Enumere las cualidades de una persona de integridad de acuerdo con el Salmo 15:1-5.

_____

_____

_____

¿Cuáles de estas cualidades cree que se violan más entre la gente con la que se relaciona usted? Considere tanto a los creyentes como a los no creyentes. _____

_____

_____

_____

8. La integridad se tiene que exhibir en todos los aspectos de nuestra vida.
   a. Utilizando los siguientes versículos, enumere algunas de las áreas en las que se suele descuidar la integridad.

   Romanos 13:6-7 _____

   Efesios 5:22 _____

   Efesios 5:25 _____

   Efesios 6:1-2 _____

   Colosenses 3:23-24 _____

   1 Pedro 2:13-14 _____

   b. ¿Habría alguna vez una ocasión en la que la integridad hacia Dios dominaría nuestro compromiso con estas áreas de responsabilidad (Hechos 4:18-20 y 5:27-29)?

   _____

   _____

   _____

LA CONCIENCIA: UNA AYUDA PARA LA INTEGRIDAD

9. ¿Cómo define *conciencia* el diccionario? _____

   _____

   _____

   _____

10. Utilizando los siguientes pasajes, describa la conciencia.

    1 Corintios 8:7-12 _____

    1 Timoteo 3:9 _____

    1 Timoteo 4:2 _____

Tito 1:15 _____

Hebreos 10:22 _____

1 Pedro 3:16, 21 _____

11. Lea Hechos 24:16.

   a. ¿Cuáles eran los objetivos de Pablo en cuanto a su conciencia? _____

   _____

   _____

   _____

   b. ¿Cómo podemos desarrollar o mantener esta clase de conciencia?

   Hacia Dios _____

   _____

   _____

   Hacia la gente _____

   _____

   _____

RESUMEN

Repase los siguientes subtemas del capítulo y escriba su propio resumen de cada sección.

La batalla por la integridad

_____

_____

_____

_____

Cómo vivir una vida de integridad

_____

_____

_____

_____

La conciencia: una ayuda para la integridad

_____

_____

_____

_____

TAREA PARA LA SESIÓN 9

1. *Memorización de las Escrituras*: Trabaje con cualquier requisito que todavía no haya completado.
2. *Tiempo a solas*: Siga leyendo, marcando, respondiéndole a Dios en oración, anotando en *Los puntos sobresalientes de mi lectura* y utilizando una hoja de oración.
3. *Evangelización*:
   a. Prepárese para dibujar y explicar La ilustración del puente a otro miembro de su clase. (Esta es la «Presentación de conferencia 1»).
   b. ¿Todavía necesita contar «Mi historia», con o sin notas, en menos de cuatro minutos?
4. *Otras*:
   a. Estudie y complete el «Análisis de versículo de Mateo 6:33» (páginas 79-82).
   b. Estudie y complete «Las prioridades: Primera parte» (páginas 82-86).

SESIÓN 9

BOSQUEJO DE ESTA SESIÓN

1. Inicie la sesión con oración.
2. Divídanse en grupos y esfuércese para que le firmen todo lo posible en *Mi registro de tareas completadas.*
3. Comparta algunos pensamientos del tiempo a solas de *Los puntos sobresalientes de mi lectura.*
4. En grupos de dos, túrnense para dibujar y explicar La ilustración del puente.
5. Oiga a los que todavía no han contado «Mi historia», con o sin notas, en menos de cuatro minutos.
6. Discuta el «Análisis de versículo de Mateo 6:33» (páginas 79-82).
7. Discuta «Las prioridades: Primera parte» (páginas 82-86).
8. Lea la «Tarea para la sesión 10» (páginas 86-87).
9. Termine con una oración con enfoque en las prioridades.

ANÁLISIS DE VERSÍCULO DE MATEO 6:33

PREPARACIÓN PARA DISCUTIR LAS PRIORIDADES

Este estudio es fundamental para la discusión de las prioridades en las sesiones 9 y 10. Después de leer el contexto de Mateo 6:33 dos veces en voz alta, siga los siguientes pasos para analizarlo.

1. Parafrasee el versículo.
2. Estudie el contexto.
3. Busque referencias cruzadas.
4. Escriba los problemas reales o potenciales.
5. Haga una aplicación personal.

☐ He leído Mateo 6:19-34 en voz alta dos veces. (Por favor, márquelo cuando lo haya completado).

1. PARÁFRASIS

Parafrasee Mateo 6:33 con sus propias palabras. Quizás querrá consultar las siguientes versiones bíblicas como parte de su proceso de hacer paráfrasis:

Busquen el reino de Dios por encima de todo lo demás y lleven una vida justa, y él les dará todo lo que necesiten. (NTV)

Más bien, busquen primeramente el reino de Dios y su justicia, y todas estas cosas les serán añadidas. (NVI)

Mas buscad primeramente el reino de Dios y su justicia, y todas estas cosas os serán añadidas. (RVR60)

Por lo tanto, pongan toda su atención en el reino de los cielos y en hacer lo que es justo ante Dios, y recibirán también todas estas cosas. (DHH)

Pero buscad primero su reino y su justicia, y todas estas cosas os serán añadidas. (LBLA)

Lo más importante es que reconozcan a Dios como único rey, y que hagan lo que él les pide. Dios les dará a su tiempo todo lo que necesiten. (TLA)

_____

_____

_____

_____

_____

2. CONTEXTO

Resuma los pensamientos clave de Mateo 6, versículos 25-32 y 34.
No incluya el versículo 33.

_____

_____

_____

_____

3. REFERENCIAS CRUZADAS

¿De qué manera son similares a Mateo 6:33 los siguientes versículos?

Deuteronomio 28:2 _____

_____

2 Crónicas 26:5 _____

_____

2 Crónicas 31:20-21 _____

_____

Salmo 84:11 _____

_____

4. PROBLEMAS

a. Defina *justicia* y *reino de Dios* en los siguientes espacios. Querrá usar un diccionario, un diccionario bíblico, una enciclopedia o un comentario para preparar sus definiciones. También puede encontrar recursos excelentes en línea.

   Justicia _____

   _____

   _____

   _____

   _____

   Reino de Dios _____

   _____

   _____

   _____

   _____

b. ¿Qué implica la palabra *buscar*? _____

   _____

   _____

c. En algunas versiones, Mateo 6:33 comienza con *mas* o *pero*. Compare el versículo 33 con los versículos 31-32. ¿Qué contraste implican las palabras *mas* o *pero*? _____

   _____

   _____

   _____

5. APLICACIÓN

¿Qué aplicación de Mateo 6:33 puede hacer a su propia vida? _____

_____

_____

_____

LAS PRIORIDADES: PRIMERA PARTE

Las prioridades tienen que ver con orden e importancia. Un listado de prioridades incluye las cosas en orden de su importancia.

¿Por qué sentimos que una cosa es más importante que otra? Depende de lo que queremos y lo que nos gustaría lograr, de lo que sean nuestras metas y nuestros deseos. Todos tenemos metas y deseos que influyen en nuestras decisiones.

Las prioridades de un cristiano deben basarse en la voluntad de Dios para su vida, como se revela en las Escrituras. Jesucristo nos dio el mandato: «Busquen el reino de Dios por encima de todo lo demás» (Mateo 6:33). Lo que tiene que ver con el reino de Dios tiene prioridad sobre nuestras necesidades físicas, según el contexto del Sermón del monte.

Para tener las prioridades correctas, tenemos que tener las metas correctas. Según los versículos siguientes, escriba las metas y los deseos que estos hombres piadosos tuvieron o exhortaron a otros a que los tuvieran.

David (Salmo 27:4) _____

_____

Josué (Josué 24:15) _____

_____

Jesús (Juan 4:34) _____

_____

Pablo (Romanos 12:2) _____

_____

Pablo (Colosenses 1:28-29) _____

_____

Juan (3 Juan 4) _____

_____

Como cristianos comprometidos, tenemos que seguir el ejemplo de ellos: «Acuérdense de los líderes que les enseñaron la palabra de Dios. Piensen en todo lo bueno que haya resultado de su vida y sigan el ejemplo de su fe» (Hebreos 13:7).

METAS

Las metas que tenemos para nuestra vida, en las que deben basarse nuestras prioridades, se pueden dividir en dos áreas: qué es lo que debemos ser (creciendo hacia la semejanza de Cristo [Romanos 8:29]) y qué es lo que tenemos que hacer (creciendo en el servicio efectivo [Gálatas 6:9-10]).

La semejanza a Cristo

Según los siguientes pasajes (usando una traducción, no una paráfrasis), haga un listado de las características de la semejanza a Cristo:

GÁLATAS 5:22-23   MATEO 5:3-10

1. _____   1. _____

2. _____   2. _____

3. _____   3. _____

4. _____   4. _____

5. _____   5. _____

6. _____   6. _____

7. _____   7. _____

8. _____   8. _____

9. _____

De las dos listas, ¿cuáles cree que son las cinco características más importantes de la semejanza a Cristo?

1. _____

2. _____

3. _____

4. _____

5. _____

Servir

Servir significa ayudar en el momento de necesidad. Esto puede significar ofrecer ayuda o consejo; también podría significar amonestar a un amigo, compartir el evangelio o ayudar a alguien a memorizar las Escrituras.

Hay muchas maneras en las que podríamos servir a otros. Por favor empareje cada una de estas ocho actividades de servicio con su correspondiente cita bíblica.

_____ Marcos 9:41	1. Hacer tareas humildes para los hijos de Dios.
_____ Juan 13:14-16	2. Cuidar de las viudas.
_____ Hechos 6:1-3	3. Ayudar a suplir necesidades materiales o financieras.
_____ Efesios 4:12	4. Orar por otros.
_____ Efesios 6:5-7	5. Edificar a otros cristianos.
_____ Colosenses 4:12	6. Ser cabal y diligente en el trabajo.
_____ 1 Timoteo 5:17	7. Dar un sorbo de agua fría.
_____ 1 Juan 3:17-18	8. Predicar y enseñar la Palabra de Dios.

El servicio más grande que usted puede rendirle a otras personas es llevarlas a una relación correcta con Jesucristo. Esto podría ser ayudar a alguien a llegar a la salvación en Cristo o ministrar el desarrollo espiritual de un cristiano.

«Buscar primero el reino de Dios» tiene que ver con glorificar a Dios en la vida de las personas, por lo que nuestra mayor preocupación al servir a Cristo es ministrar las necesidades espirituales y luego las demás necesidades que la gente tiene. A veces podría ser necesario atender las necesidades materiales o físicas antes de que podamos atender las necesidades espirituales.

PAUTAS PARA ESTABLECER Y APLICAR LAS PRIORIDADES

1. **Tome decisiones responsables.** Muchas de nuestras decisiones de la vida ya han sido tomadas: por las Escrituras (Dios), los padres, el gobierno y las limitaciones físicas. Pero cuando tenemos opciones, somos responsables de tomar decisiones. Los esclavos tenían poco poder para decidir; aun así, en el primer siglo, el evangelio se esparció rápidamente entre ellos. ¿Quiere tener una vida que marque una diferencia, que tenga importancia para la eternidad? Corra para ganarse el premio (1 Corintios 9:24).

2. **Sea decidido.** Uno de los mayores obstáculos para hacer la voluntad de Dios es la falta de planificación. La mayoría de nosotros tenemos una cantidad de horas no planificadas, cada semana, para usarlas a nuestro

antojo. A medida que hacemos nuestros planes en oración, queremos mantener en mente a Mateo 6:33. Por ejemplo, ¿cómo planificará usar una noche libre o una tarde de sábado o domingo que tiene desocupada?

3. **Planifique con anticipación.** El siguiente método puede aumentar su efectividad:

   a. Haga una lista de cosas que tiene que hacer y otra lista de cosas que le gustaría hacer.

   b. Ore por sensibilidad del Espíritu Santo mientras evalúa las cosas de sus listas.

   c. Enumere los puntos en orden de su importancia.

   d. De su lista «tengo que hacer», haga el punto 1. Luego haga el punto 2 y así en adelante con toda su lista.

   e. De vez en cuando, pase a su lista de «tengo que hacer» algo de su lista «me gustaría hacer». ¡Un cambio de ritmo ocasional puede ser refrescante!

   f. Siga revisando sus listas para acomodar las exigencias y oportunidades nuevas. Mucha gente hace una lista nueva cada mañana o la noche anterior.

4. **Persevere.** La determinación y la perseverancia son dos ingredientes importantes para vivir de acuerdo con las prioridades. Nuestra carne se puede rebelar ante hacer lo que tengamos que hacer. Pablo dijo: «Golpeo mi cuerpo y lo hago mi esclavo» (1 Corintios 9:27, LBLA). En otras palabras, dice: «Hago que mi cuerpo haga lo que tiene que hacer, no lo que quiere hacer».

5. **Reconozca la dependencia en Dios.** En tanto que sabemos que la determinación y la perseverancia contribuyen al éxito en cuanto a las prioridades, también queremos reconocer que Dios da bendición y gracia, y hace que nuestros esfuerzos en realidad valgan la pena (vea 2 Corintios 3:5; Juan 15:5; Zacarías 4:6). Dependa de la capacitación de Dios.

6. **Sea adaptable.** En el libro de Santiago, se nos enseña que cuando hemos hecho nuestros planes, tenemos que aprender a decir: «Si el Señor quiere, viviremos y haremos esto o aquello» (4:13-16). A veces no estamos conscientes de los planes de Dios para nosotros. Sus pensamientos están más altos que nuestros pensamientos (vea Isaías 55:9); no queremos quedar molestos cuando las interrupciones ocurren, sino más bien someternos a Dios con acciones de gracias en todas nuestras circunstancias (vea Romanos 8:28; Salmo 115:3).

7. **No se deje convencer fácilmente.** A veces la gente trata de controlar nuestra vida. En cierto momento del ministerio de Cristo, la gente trató

de hacer planes por él (vea Lucas 4:42-44), pero él no se sometió a ellos. Él dijo que tenía que hacer lo que su Padre lo había enviado a hacer. Saber lo que Dios quiere que hagamos nos ayuda a decidir cuándo aceptar los deseos de la gente que tiene buenas intenciones y cuándo decir no cortésmente.

8. **Repase sus metas.** Es necesario que alineemos tanto nuestras metas personales como nuestras decisiones diarias con los propósitos de Dios, como se revelan en las Escrituras. La naturaleza humana tiende a desviarnos de nuestras metas. Pasar medio día a solas con Dios regularmente es una actividad excelente para ayudar a mantener la dirección, la motivación y un sentido de prioridad.

9. **Priorice.** Trabajar con prioridades no quiere decir que hará todo lo que quiere hacer. Sí significa que hará las cosas más importantes. Jesús le dijo a Dios Padre: «Yo te di la gloria aquí en la tierra, al terminar la obra que me encargaste» (Juan 17:4); aun así, había mucho más que él podría haber hecho. Aprendamos del ejemplo de Jesús: vivamos de acuerdo con las prioridades de Dios para nuestra vida, entregándole a él las cosas que no podemos hacer.

CONCLUSIÓN

A veces las prioridades se basan en deseos egoístas. La carne tiende a hacer que nos sea difícil relacionar nuestras prioridades con el plan de Dios para nuestra vida porque hacer eso a veces implica sacrificio.

¿Quiere que Dios sea lo primero en su vida? Si así es, trabaje según los propósitos y las prioridades de él como un proceso de toda la vida. No se desanime cuando no los logre perfectamente; más bien, haga evaluaciones periódicas, como pasar un tiempo extenso en oración y planificación regularmente.

Busquen el reino de Dios por encima de todo lo demás y lleven una vida justa, y él les dará todo lo que necesiten. (Mateo 6:33)

TAREA PARA LA SESIÓN 10

1. *Memorización de las Escrituras*: Continúe repasando sus versículos y trabaje en cualquier requisito que todavía no haya completado.

2. *Tiempo a solas*: Siga leyendo, marcando, respondiéndole a Dios en oración, anotando en *Los puntos sobresalientes de mi lectura* y usando una hoja de oración.

3. *Evangelización*:
   a. Prepárese para dibujar y explicar La ilustración del puente a otro miembro de su clase. (Esta es la «Presentación de conferencia 2»).
   b. ¿Todavía tiene que contar «Mi historia», con o sin notas, en menos de cuatro minutos?
4. *Otras*: Lea y esté preparado para discutir «Las prioridades: Segunda parte» (páginas 89-94).

SESIÓN 10

BOSQUEJO DE ESTA SESIÓN

1. Inicie la sesión con oración.
2. Divídanse en grupos y esfuércese para que le firmen todo lo posible en *Mi registro de tareas completadas.*
3. Comparta algunos pensamientos del tiempo a solas de *Los puntos sobresalientes de mi lectura.*
4. Escuche a los que todavía tienen que contar «Mi historia», con o sin notas, en menos de cuatro minutos.
5. En grupos de dos, dibujen y expliquen el uno al otro La ilustración del puente.
6. Discuta «Las prioridades: Segunda parte» (páginas 89-94).
7. Lea la «Tarea para la sesión 11» (página 94).
8. Termine la sesión con oración.

LAS PRIORIDADES: SEGUNDA PARTE

LA PRIORIDAD DE DIOS

> Quisiera, pues, que estuviesen libres de ansiedad. El no casado se preocupa de las cosas del Señor, de cómo agradar al Señor; pero el casado se preocupa de las cosas de la vida, de cómo ha de agradar a su esposa, y su atención está dividida. La mujer no casada, o soltera, se preocupa de las cosas del Señor, a fin de ser consagrada tanto en cuerpo como en espíritu. En cambio, la casada tiene cuidado de las cosas de la vida, de cómo ha de agradar a su esposo. Esto digo para su provecho; [...] para que vivan honestamente, atendiendo al Señor sin impedimento.
>
> —1 Corintios 7:32-35 (RVA-2015)

Para cada cristiano, hombre o mujer, ya sea soltero o casado, Dios tiene que ser la prioridad número uno. La declaración clásica de E. M. Bounds «Estar poco con Dios es ser pequeño para Dios» capta la idea de esta prioridad. Pasamos tiempo con Dios porque él desea grandemente nuestra comunión. Él anhela estar con nosotros porque nosotros somos «los adoradores que el Padre quiere» (Juan 4:23, BLPH). En su presencia, crecemos en piedad, y la realidad de nuestra relación con Dios llega a ser clara a los que nos rodean. Hechos 4:13 dice: «Los miembros del Concilio quedaron asombrados cuando vieron el valor de Pedro y de Juan, porque veían que eran hombres comunes sin ninguna preparación especial en las Escrituras. También los identificaron como hombres que habían estado con Jesús».

Ocasionalmente, puede suplementar su tiempo devocional regular con tiempos más largos con Dios. Puede desarrollar un conocimiento sorprendentemente práctico de la Biblia a través de la memorización y el estudio bíblico. Ore regularmente para que Dios le dé sabiduría al aplicar la Palabra a su vida. Si tiene comprensión de las grandes verdades de la Biblia, frecuentemente se encontrará en lugares de ministerio efectivo. Con el tiempo, su vida tocará la vida de muchos otros. Este diagrama del triángulo muestra que mientras más cerca estén dos personas de Dios, más cerca estarán el uno del otro. Esto es cierto entre marido y mujer, entre padre e hijo, entre cualquier par de personas cristianas. Por lo tanto, mientras siga a Dios, cosechará beneficios relacionales así como beneficios personales. ¡Siga poniendo su caminar con Dios en primer lugar! «En cuanto a mí, ¡qué bueno es estar cerca de Dios! Hice al Señor Soberano mi refugio» (Salmo 73:28). «El Señor está cerca de todos los que lo invocan, sí, de todos los que lo invocan de verdad. Él concede los deseos de los que le temen» (Salmo 145:18-19).

LOS CÍRCULOS DE PRIORIDAD

La siguiente ilustración, Los círculos de prioridad, es una representación visual de nuestras responsabilidades comunes en la vida. Los círculos internos son las prioridades más altas; aun así, nosotros queremos avanzar hacia el equilibrio en todas las áreas en las distintas etapas de nuestra vida.

Dios nos ha dado, a cada uno, responsabilidades básicas que no debemos descuidar. A la larga, usted determinará en su propio corazón y mente qué es prioritario para usted en cierta semana o cierto día. Queremos dar a las tareas y las relaciones de alta prioridad un peso adicional cuando planificamos y organizamos nuestro tiempo. Antes de que podamos ser significativamente efectivos para Cristo, tenemos que pasar tiempo constante y valioso con Dios. Él tiene que ser nuestra prioridad número uno (Mateo 6:33). De hecho, ¡él es nuestra prioridad de prioridades! «Oh pueblo, el Señor te ha dicho lo que es bueno, y lo

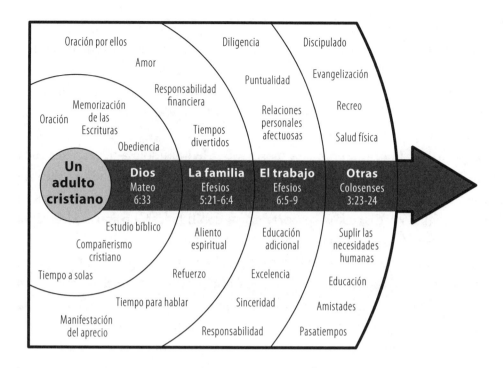

que él exige de ti: que hagas lo que es correcto, que ames la compasión y que camines humildemente con tu Dios» (Miqueas 6:8).

LA PRIORIDAD DE LA FAMILIA

El mejor punto de partida para tener una gran influencia para Cristo en la vida de muchas personas podría ser simplemente compartir los principios bíblicos que funcionan en su matrimonio o en su crianza de los hijos. La credibilidad de la familia tiene que preceder a la expansión de la influencia espiritual. Primera Timoteo 3:5 dice: «Si un hombre no puede dirigir a los de su propia casa, ¿cómo podrá cuidar de la iglesia de Dios?». No es que tengamos que tener todo en orden en cada dimensión de nuestra vida familiar, pero tenemos que darle una alta prioridad a tener nuestro hogar en orden. Nuestro hogar llegará a ser o un punto de partida para un ministerio mayor o un obstáculo a ello.

> Yo lo escogí a fin de que él ordene a sus hijos y a sus familias que se mantengan en el camino del Señor haciendo lo que es correcto y justo. Entonces yo haré por Abraham todo lo que he prometido.
> (Génesis 18:19)

Debido a la fidelidad de Abraham en la dirección de su familia, Dios lo prosperó de otras maneras.

Matrimonios

Tener una vital relación íntima con Dios aumenta la probabilidad de tener una vital relación íntima con su cónyuge. Y tener una buena relación en su matrimonio aumenta la probabilidad de tener una buena relación con su hijo. La prioridad no implica descuido; implica énfasis. Siga trabajando en su matrimonio.

Esposas. ¿Está orando por su esposo? ¿Está ayudándolo a llegar a ser cada vez más el líder y el responsable de tomar las decisiones, como debe ser? ¿Se está adaptando a él? ¿Es usted una alumna de su esposo, aprendiendo sus estados de ánimo, sus gustos y disgustos, sus fortalezas y debilidades? ¿Lo apoya y lo anima en lo que él siente que es guiado a buscar en la vida?

Esposos. ¿Está orando por su esposa? ¿Está llevando su parte de la carga en las responsabilidades del hogar y con los hijos? ¿Ha leído recientemente un libro, escuchado un CD o visto un DVD para afinar sus habilidades en la crianza de hijos? ¿Piensa y planifica junto con su esposa? ¿Diría su esposa que hablan y oran juntos con suficiente frecuencia? ¿Con qué frecuencia dice gracias? ¿Ayuda a suplir las necesidades espirituales, físicas y emocionales de su esposa, así como las financieras?

Usted tendrá su mayor efectividad en avanzar los propósitos de Dios en el mundo si pone su relación con Dios en primer lugar y a su cónyuge en un firme segundo lugar.

Hijos

Ya sea que esté casado o es madre o padre soltero, coincidirá en que sus hijos son bendiciones increíbles, así como responsabilidades increíbles. Sin embargo, vivimos en el tiempo más oportuno de la historia. El sector cristiano tiene una proliferación de libros, CDs, recursos en sitios web, DVDs y seminarios sobre cómo criar hijos. Muchos pastores y consejeros cristianos tienen experiencia y se han preparado para ayudarnos a lo largo de algunas de las batallas más difíciles. Tenemos que dejar tiempo para adquirir el conocimiento y las habilidades necesarias y tener el valor de buscar el consejo sano o la consejería cuando se necesita.

Queremos evitar pasar por alto a nuestros hijos por «el ministerio». Podemos descubrir que no hemos preparado a nuestros hijos para las oportunidades y las dificultades de la vida, o que no los hemos ayudado a llegar a ser discípulos de Jesucristo. A veces, por el bien de nuestros hijos, es posible que tengamos que disminuir nuestra participación en el ministerio, dándonos cuenta de que nuestros propios hijos representan una prioridad de ministerio muy alta.

Adultos solteros

Si usted es un adulto soltero, tiene beneficios especiales y ventajas que le permiten hacer una contribución significativa a lo que Dios desea lograr en el mundo hoy. Un gran segmento de la población adulta es soltero. Las personas solteras frecuentemente son más móviles y flexibles en cuanto a dónde pueden vivir y a lo que pueden hacer. Frecuentemente tienen más tiempo que la gente casada para el consumo bíblico y el crecimiento espiritual. El desarrollo personal y profesional también es valioso. Pero esta clase de disponibilidad de tiempo posiblemente no sea una realidad para los que son padres o madres solteros, o para quienes inician un negocio.

¿Cuánta más educación adicional debería buscar? ¿Cuánto tiempo debería pasar con los amigos, los vecinos y los compañeros de domicilio? ¿Qué clase de carga ministerial puede tener, que todavía le deje tiempo para la recreación y el rejuvenecimiento? Dios puede guiarlo, por lo que querrá hacer que estos asuntos sean un tema de oración y darles el tiempo adecuado para planificación y evaluación.

¡Invierta su vida de soltero sabiamente! Llegue a ser todo lo que Dios quiere que sea, y use la ventaja de su situación para hacer un impacto para Cristo. Dios puede dirigirlo a que se case algún día, o quizás él pueda trabajar mejor en y a través de usted si se queda soltero. Siga a Cristo de todo corazón. Puede confiarle su futuro a él.

LA PRIORIDAD DEL TRABAJO

Su trabajo puede requerir de muchas horas cada semana, pero es un lugar donde usted puede usar sus habilidades y destrezas dadas por Dios. Provee fondos que pueden invertirse para avanzar la causa de Jesucristo, así como finanzas para suplir sus necesidades personales y familiares.

El trabajo le da un punto de contacto y amistad con una cantidad de no cristianos que pueden llegar a conocer a Cristo y convertirse en discípulos. Por supuesto, usted quiere tocar las vidas espiritualmente sin usar el «tiempo de la compañía». A medida que trabaja «de buena gana, como para el Señor» (Colosenses 3:23, NVI), su ejemplo le da una plataforma para ministrar a la gente y también realza su carrera.

LA PRIORIDAD DE LA IGLESIA

Ser parte de una asamblea local de creyentes es muy importante. Es un lugar tanto para el consumo espiritual como para la transmisión ministerial. Enseñar una clase de adultos, de jóvenes o de niños puede ser tanto un ministerio como un contexto en el que usted puede crecer en su habilidad de motivar a otros y de comunicar la verdad bíblica claramente.

Hay numerosas oportunidades para crecer y ministrar. Ore por la guía de Dios. Planifique tanto recibir como dar, mientras usted se reúne con otros seguidores de Cristo cada semana.

EL MINISTERIO Y OTRAS PRIORIDADES

En los libros 1-3, ha habido un énfasis persistente en la importancia de relacionarse con no cristianos, de identificarse con Cristo y luego de compartir su historia de salvación y el evangelio. El ministerio debe ser una parte integral del estilo de vida de cada creyente si esperamos impactar el mundo de manera significativa para Cristo. Un número cada vez mayor de iglesias sanas bíblicamente ven la importancia de ministrar a las necesidades físicas y emocionales así como las espirituales. Hay posibilidades ilimitadas de ministerio para cada persona laica. Algunos de los mejores ministerios tradicionales e innovadores los realizan personas que no están en el personal de una iglesia local. Son cristianos «regulares» con trabajos y, quizás, hogares y familias. Planifique invertir una porción de su energía en esparcir el evangelio, en ayudar a la gente a llegar a ser discípulos y en suplir las necesidades humanas.

¿Lee libros, escucha *podcasts* o CDs, y disfruta de un pasatiempo? Estas son actividades que pueden ayudarnos a ser más ingeniosos y más interesantes para los que nos rodeen. ¿Podría la educación adicional quizás hacerlo más efectivo en su trabajo? ¿Asiste a seminarios y conferencias cristianos o relacionados con su trabajo cuando están disponibles? No es deseable que nos estanquemos en la vida a los treinta y algo, los cuarenta y algo, o más allá.

¿Hace suficiente ejercicio? ¿Descansa y se recrea lo suficiente? Queremos ponerle la atención adecuada al cuidado y al bienestar de nuestro cuerpo y nuestras emociones, así como a nuestra vida espiritual y nuestro ministerio.

TAREA PARA LA SESIÓN 11

1. *Memorización de las Escrituras*: Esfuércese para que le firmen cualquier versículo de memoria final.
2. *Tiempo a solas*: Siga leyendo, marcando, respondiéndole a Dios en oración, anotando en *Los puntos sobresalientes de mi lectura* y usando una hoja de oración.
3. *Estudio bíblico*: Complete el estudio bíblico «El carácter en acción» (páginas 95-101).

SESIÓN 11

BOSQUEJO DE ESTA SESIÓN

1. Inicie la sesión con oración.
2. Divídanse en grupos de repaso de versículos, y esfuércese para que le firmen todo lo que pueda en *Mi registro de tareas completadas*.
3. Comparta algunos pensamientos del tiempo a solas de *Los puntos sobresalientes de mi lectura*.
4. Discuta el estudio bíblico «El carácter en acción» (páginas 95-101).
5. Lea en voz alta «Siga avanzando» (páginas 101-103) para repasar lo que ha aprendido en *Dando fruto en la familia de Dios* y en los primeros dos libros de LA SERIE 2:7.
6. Termine la sesión con oración.

EL CARÁCTER EN ACCIÓN

Un cristiano no es inmune a las realidades duras de la vida humana. Toda la gente experimenta enfermedad, aflicción, muerte y otras formas de dolor y sufrimiento. Pero para el cristiano, las pruebas y el sufrimiento llevan consigo la promesa de la presencia amorosa y el propósito divino de Dios al darle forma a las cualidades internas de la vida.

PARA PENSAR:

¿Por qué cree que Dios permite que los cristianos experimenten pruebas y sufrimiento?

EL CONTROL DEFINITIVO DE DIOS

1. Las Escrituras nos dicen que Dios es todopoderoso (omnipotente), que lo sabe todo (omnisciente) y que está presente en todas partes (omnipresente).

   a. Lea Salmo 139:1-16 y resuma la interacción de Dios con usted en las siguientes áreas:

   El conocimiento que Dios tiene de mí (versículos 1-6)

   _____

   _____

_____

_____

La presencia de Dios conmigo (versículos 7-12)

_____

_____

b. ¿Cuál fue la reacción del salmista al conocimiento de la influencia de Dios en su vida?

Versículos 17-18 _____

_____

Versículos 23-24 _____

2. ¿Qué enseñan los siguientes versículos de la perspectiva y el propósito de Dios?

Isaías 45:5-7 _____

_____

Isaías 46:9-10 _____

_____

Romanos 8:28 _____

_____

LAS PRUEBAS Y EL SUFRIMIENTO PRODUCEN CARÁCTER

3. Lea Santiago 1:2-4, 12.

a. ¿Cómo debe responder una persona ante las pruebas? _____

_____

b. ¿Cuáles son los resultados de reaccionar apropiadamente a las

pruebas? _____

_____

4. En Romanos 5:3-5, Pablo dice que debemos regocijarnos (alegrarnos, gloriarnos) en nuestras tribulaciones.

   a. ¿Qué produce la tribulación en la vida cristiana?

   _____

   _____

   b. ¿Es significativo el hecho de que Pablo mencionara estas áreas en una secuencia particular? _____

   _____

   _____

5. ¿Cómo lidiaron con la adversidad los siguientes hombres?

   José (Génesis 50:20) _____

   _____

   Job (Job 1:13-22) _____

   _____

   Sadrac, Mesac, Abed-nego (Daniel 3:13-18) _____

   _____

   Los apóstoles (Hechos 5:40-42) _____

   _____

   Pablo (Filipenses 1:12-21) _____

   _____

   ¿Qué es lo que más le impresiona de estos ejemplos?

   _____

6. ¿Cuáles son algunas de las razones por las que Dios probó al pueblo de Israel (Deuteronomio 8:1-3, 16)?

   _____

   _____

   _____

LA REACCIÓN A LAS PRUEBAS Y EL SUFRIMIENTO

7. A veces, el sufrimiento por el que pasamos es resultado de la disciplina de Dios. Lea Hebreos 12:4-11.

   a. ¿Por qué nos disciplina Dios? _____

   _____

   _____

   _____

   _____

   b. ¿Cuáles son los resultados de la disciplina de Dios? _____

   _____

   c. ¿Qué marca la diferencia entre ser disciplinado por Dios y pasar por un ataque de Satanás?

   _____

   _____

   _____

8. Aunque las pruebas y el sufrimiento son difíciles en el momento, ¿cuáles son algunos aspectos positivos a considerar?

   Romanos 8:18 _____

   _____

   2 Corintios 1:3-4 _____

   _____

   1 Pedro 5:10 _____

   _____

   ¿Puede pensar en otros aspectos positivos del sufrimiento? _____

   _____

9. Lea Efesios 5:20 y 1 Tesalonicenses 5:18.

   a. ¿Cómo quiere Dios que reaccionemos a cada situación, incluso a las

   pruebas y al sufrimiento? _____

_____

b. ¿Por qué cree que esta reacción es importante? _____

_____

La reacción positiva de una persona a los problemas contribuye a su madurez espiritual. Cada crisis es una oportunidad de victoria o derrota, de crecimiento o declive.

Problema ➡ Reacción ⟨ Victoria
o
Derrota

10. Piense y recuerde una prueba o un sufrimiento específico por el que haya pasado y considere las siguientes preguntas:

a. ¿Cuál fue la prueba o el sufrimiento? _____

_____

b. ¿Cómo reaccionó usted a eso? _____

_____

c. ¿Cómo podría haber respondido mejor? _____

_____

_____

d. ¿Le agradeció a Dios por la circunstancia? _____

_____

_____

e. ¿Cómo lo usó Dios en su vida? _____

f. ¿Ha sido capaz de usarlo para consolar a alguien más? _____

_____

_____

Las verdades de este antiguo poema clásico describen el proceso de Dios con
los hombres y las mujeres por igual:

> Cuando Dios quiere entrenar a un hombre
> y entusiasmar a un hombre
> y adiestrar a un hombre
> Cuando Dios quiere moldear a un hombre
> para que haga la parte más noble;
> Cuando Él anhela con todo Su corazón
> crear a un hombre tan grande y valiente.
> Que todo el mundo se sorprenda,
> mire Sus métodos ¡mire Sus caminos!
> ¡Cuán implacablemente perfecciona
> al que elije regiamente!
> Cómo lo martilla y lo lastima,
> y con golpes poderosos lo convierte
> En trozos de barro de prueba que
> solamente Dios entiende;
> ¡Mientras su corazón torturado clama
> y eleva manos que imploran!
> Cómo Él dobla, pero nunca quiebra
> cuando le hace frente a Su bien;
> Cómo usa al que Él elige
> y con cada propósito lo funde;
> Con cada acción lo induce
> para probar su esplendor,
> ¡Dios sabe qué es lo que propone hacer!

—DESCONOCIDO

RESUMEN
Repase los siguientes subtemas y escriba su propio resumen de cada sección.

El control definitivo de Dios

_____

_____

_____

_____

Las pruebas y el sufrimiento producen carácter

_____

_____

_____

_____

La reacción a las pruebas y el sufrimiento

_____

_____

_____

_____

SIGA AVANZANDO

LO QUE HA LOGRADO

¡Felicitaciones! Ahora ha experimentado la formación de discipulado en los tres libros de trabajo de LA SERIE 2:7:

- *Creciendo firmes en la familia de Dios*
- *Cultivando raíces en la familia de Dios*
- *Dando fruto en la familia de Dios*

Su diligencia le ha llevado por pasos significativos en su crecimiento como un genuino discípulo de Jesucristo. Su vida y su ministerio cristianos se han realzado por:

- La regularidad en la memorización de las Escrituras. Ya ha memorizado por lo menos diecisiete versículos

- La regularidad de sus tiempos a solas. Está leyendo las Escrituras con atención para marcar, anotar y responderle a Dios en oración
- La regularidad en el estudio bíblico. Ha completado diecisiete estudios bíblicos temáticos de preguntas y respuestas
- La presentación de «Mi historia» (su historia de salvación), que ha redactado y que puede contar en menos de cuatro minutos
- La práctica de la explicación del evangelio mientras dibuja La ilustración del puente
- Orar conversacionalmente, discutiendo cómo pasar un tiempo extenso con Dios y participando en un tiempo extenso con Dios
- Haber sido confrontado por el señorío de Cristo, someterse a él y vivir bajo él
- Discutir formas de meditar en las Escrituras
- Discutir formas de reconocer y establecer las prioridades en su vida

¡Felicitaciones! ¡Ha perseverado y ha hecho una inversión maravillosa en su propia vida!

El deseo cumplido endulza el alma.

—PROVERBIOS 13:19, RVA-2015

CERTIFICADO GRATUITO DE CULMINACIÓN

Su líder de grupo de 2:7 puede descargar un certificado de culminación de los cursos para cada persona de su grupo. Hay más información disponible acerca de los certificados en nav27series.org.

USE LO QUE SABE: SIGA APRENDIENDO Y CRECIENDO

La graduación de la escuela secundaria marca un comienzo o inicio. Hay jóvenes de veintitantos años que son «viejos». Hay gente de sesenta y tantos que es «joven». Decida ser alguien que aprende toda la vida. Planifique tener por lo menos cinco tiempos a solas cada semana y repase sus versículos de memoria constantemente. Esa clase de regularidad produce grandes dividendos personales. ¡Bendiciones y que Dios lo acompañe!

LA MULTIPLICACIÓN ESPIRITUAL

¿Qué es la multiplicación espiritual? Es la crianza de hijos espirituales que lleva a los hijos, nietos y bisnietos espirituales. ¿A quién conoce ahora mismo que usted podría ayudar como padre o madre espiritual, o como un «hermano mayor» o «hermana mayor» en Cristo?

En los meses venideros, a medida que comparte su fe, usted tendrá sus propios hijos espirituales. A veces «adoptará» un hijo o por algún tiempo será un «padre de acogida». Con el paso de los años, puede tener hijos y nietos que viven y se reproducen espiritualmente en otras ciudades y tal vez hasta en otros países. ¡Su vida cristiana *puede* impactar al mundo!

Un fuerte precedente bíblico de la multiplicación se ve en las cuatro generaciones de 2 Timoteo 2:2: Pablo, Timoteo, las personas dignas de confianza y otros. Aquí ve al padre, al hijo, a los nietos y a los bisnietos: ¡multiplicación espiritual!

> Me has oído enseñar verdades, que han sido confirmadas por muchos testigos confiables. Ahora enseña estas verdades a otras personas dignas de confianza que estén capacitadas para transmitirlas a otros.
>
> —2 Timoteo 2:2

Si todavía no ha leído u oído el mensaje *Nacido para multiplicarse*, planifique hacerlo. Lo encontrará en línea en www.losnavegantes.net y en otros sitios web. Este mensaje clásico lo dio Dawson Trotman, fundador de Los Navegantes, en una conferencia patrocinada por Back to the Bible en 1955. Encontrará otros recursos excelentes que lo ayudarán a multiplicar su vida cristiana en losnavegantes.net y serie2-7.com. También hay recursos disponibles en inglés en navpress.org, navigatorchurchministries.org, discipleshiplibrary.com y nav27series.org.

APÉNDICES

- *Los puntos sobresalientes de mi lectura*
- Hojas de oración
- Mi progreso en la lectura

LOS PUNTOS SOBRESALIENTES DE MI LECTURA

«Ahora, hijos míos, escúchenme, pues todos los que siguen mis caminos son felices. Escuchen mi instrucción y sean sabios; no la pasen por alto. ¡Alegres son los que me escuchan, y están atentos a mis puertas día tras día, y me esperan afuera de mi casa!»

—Proverbios 8:32-34

Traducción _____ Año _____

☐ **Domingo** Fecha _____ Todo lo que leí hoy _____

Lo mejor que marqué hoy: *Cita* _____

Pensamiento: _____

_____

De qué manera me impresionó: _____

_____

_____

☐ **Lunes** Fecha _____ Todo lo que leí hoy _____

Lo mejor que marqué hoy: *Cita* _____

Pensamiento: _____

_____

De qué manera me impresionó: _____

_____

_____

☐ **Martes** Fecha _____ Todo lo que leí hoy _____

Lo mejor que marqué hoy: *Cita* _____

Pensamiento: _____

_____

De qué manera me impresionó: _____

_____

_____

☐ **Miércoles** Fecha _____   Todo lo que leí hoy _____

Lo mejor que marqué hoy: *Cita* _____

Pensamiento: _____

De qué manera me impresionó: _____

☐ **Jueves** Fecha _____   Todo lo que leí hoy _____

Lo mejor que marqué hoy: *Cita* _____

Pensamiento: _____

De qué manera me impresionó: _____

☐ **Viernes** Fecha _____   Todo lo que leí hoy _____

Lo mejor que marqué hoy: *Cita* _____

Pensamiento: _____

De qué manera me impresionó: _____

☐ **Sábado** Fecha _____   Todo lo que leí hoy _____

Lo mejor que marqué hoy: *Cita* _____

Pensamiento: _____

De qué manera me impresionó: _____

LOS PUNTOS SOBRESALIENTES DE MI LECTURA

«Ahora, hijos míos, escúchenme, pues todos los que siguen mis caminos son felices. Escuchen mi instrucción y sean sabios; no la pasen por alto. ¡Alegres son los que me escuchan, y están atentos a mis puertas día tras día, y me esperan afuera de mi casa!»

—Proverbios 8:32-34

Traducción _____ Año _____

☐ **Domingo** Fecha _____ Todo lo que leí hoy _____

Lo mejor que marqué hoy: *Cita* _____

Pensamiento: _____

De qué manera me impresionó: _____

☐ **Lunes** Fecha _____ Todo lo que leí hoy _____

Lo mejor que marqué hoy: *Cita* _____

Pensamiento: _____

De qué manera me impresionó: _____

☐ **Martes** Fecha _____ Todo lo que leí hoy _____

Lo mejor que marqué hoy: *Cita* _____

Pensamiento: _____

De qué manera me impresionó: _____

☐ **Miércoles** Fecha _____ Todo lo que leí hoy _____

Lo mejor que marqué hoy: *Cita* _____

Pensamiento: _____

_____

De qué manera me impresionó: _____

_____

_____

☐ **Jueves** Fecha _____ Todo lo que leí hoy _____

Lo mejor que marqué hoy: *Cita* _____

Pensamiento: _____

_____

De qué manera me impresionó: _____

_____

_____

☐ **Viernes** Fecha _____ Todo lo que leí hoy _____

Lo mejor que marqué hoy: *Cita* _____

Pensamiento: _____

_____

De qué manera me impresionó: _____

_____

_____

☐ **Sábado** Fecha _____ Todo lo que leí hoy _____

Lo mejor que marqué hoy: *Cita* _____

Pensamiento: _____

_____

De qué manera me impresionó: _____

_____

_____

LOS PUNTOS SOBRESALIENTES DE MI LECTURA

«Ahora, hijos míos, escúchenme, pues todos los que siguen mis caminos son felices. Escuchen mi instrucción y sean sabios; no la pasen por alto. ¡Alegres son los que me escuchan, y están atentos a mis puertas día tras día, y me esperan afuera de mi casa!»

—Proverbios 8:32-34

Traducción _____ Año _____

☐ **Domingo** Fecha _____ Todo lo que leí hoy _____

Lo mejor que marqué hoy: *Cita* _____

Pensamiento: _____

_____

De qué manera me impresionó: _____

_____

_____

☐ **Lunes** Fecha _____ Todo lo que leí hoy _____

Lo mejor que marqué hoy: *Cita* _____

Pensamiento: _____

_____

De qué manera me impresionó: _____

_____

_____

☐ **Martes** Fecha _____ Todo lo que leí hoy _____

Lo mejor que marqué hoy: *Cita* _____

Pensamiento: _____

_____

De qué manera me impresionó: _____

_____

_____

☐ **Miércoles** Fecha _____   Todo lo que leí hoy _____

Lo mejor que marqué hoy: *Cita* _____

Pensamiento: _____

De qué manera me impresionó: _____

_____

_____

☐ **Jueves** Fecha _____   Todo lo que leí hoy _____

Lo mejor que marqué hoy: *Cita* _____

Pensamiento: _____

De qué manera me impresionó: _____

_____

_____

☐ **Viernes** Fecha _____   Todo lo que leí hoy _____

Lo mejor que marqué hoy: *Cita* _____

Pensamiento: _____

De qué manera me impresionó: _____

_____

_____

☐ **Sábado** Fecha _____   Todo lo que leí hoy _____

Lo mejor que marqué hoy: *Cita* _____

Pensamiento: _____

De qué manera me impresionó: _____

_____

_____

LOS PUNTOS SOBRESALIENTES DE MI LECTURA

«Ahora, hijos míos, escúchenme, pues todos los que siguen mis caminos son felices. Escuchen mi instrucción y sean sabios; no la pasen por alto. ¡Alegres son los que me escuchan, y están atentos a mis puertas día tras día, y me esperan afuera de mi casa!»

—Proverbios 8:32-34

Traducción _____ Año _____

☐ **Domingo** Fecha _____ Todo lo que leí hoy _____

Lo mejor que marqué hoy: *Cita* _____

Pensamiento: _____

_____

De qué manera me impresionó: _____

_____

_____

☐ **Lunes** Fecha _____ Todo lo que leí hoy _____

Lo mejor que marqué hoy: *Cita* _____

Pensamiento: _____

_____

De qué manera me impresionó: _____

_____

_____

☐ **Martes** Fecha _____ Todo lo que leí hoy _____

Lo mejor que marqué hoy: *Cita* _____

Pensamiento: _____

_____

De qué manera me impresionó: _____

_____

_____

☐ **Miércoles** Fecha _____ Todo lo que leí hoy _____

Lo mejor que marqué hoy: *Cita* _____

Pensamiento: _____

De qué manera me impresionó: _____

_____

_____

☐ **Jueves** Fecha _____ Todo lo que leí hoy _____

Lo mejor que marqué hoy: *Cita* _____

Pensamiento: _____

De qué manera me impresionó: _____

_____

_____

☐ **Viernes** Fecha _____ Todo lo que leí hoy _____

Lo mejor que marqué hoy: *Cita* _____

Pensamiento: _____

De qué manera me impresionó: _____

_____

_____

☐ **Sábado** Fecha _____ Todo lo que leí hoy _____

Lo mejor que marqué hoy: *Cita* _____

Pensamiento: _____

De qué manera me impresionó: _____

_____

_____

LOS PUNTOS SOBRESALIENTES DE MI LECTURA

«Ahora, hijos míos, escúchenme, pues todos los que siguen mis caminos son felices. Escuchen mi instrucción y sean sabios; no la pasen por alto. ¡Alegres son los que me escuchan, y están atentos a mis puertas día tras día, y me esperan afuera de mi casa!»

—Proverbios 8:32-34

Traducción _____ Año _____

☐ **Domingo** Fecha _____ Todo lo que leí hoy _____

Lo mejor que marqué hoy: *Cita* _____

Pensamiento: _____

De qué manera me impresionó: _____

☐ **Lunes** Fecha _____ Todo lo que leí hoy _____

Lo mejor que marqué hoy: *Cita* _____

Pensamiento: _____

De qué manera me impresionó: _____

☐ **Martes** Fecha _____ Todo lo que leí hoy _____

Lo mejor que marqué hoy: *Cita* _____

Pensamiento: _____

De qué manera me impresionó: _____

☐ **Miércoles** Fecha _____ Todo lo que leí hoy _____

Lo mejor que marqué hoy: *Cita* _____

Pensamiento: _____

_____

De qué manera me impresionó: _____

_____

_____

☐ **Jueves** Fecha _____ Todo lo que leí hoy _____

Lo mejor que marqué hoy: *Cita* _____

Pensamiento: _____

_____

De qué manera me impresionó: _____

_____

_____

☐ **Viernes** Fecha _____ Todo lo que leí hoy _____

Lo mejor que marqué hoy: *Cita* _____

Pensamiento: _____

_____

De qué manera me impresionó: _____

_____

_____

☐ **Sábado** Fecha _____ Todo lo que leí hoy _____

Lo mejor que marqué hoy: *Cita* _____

Pensamiento: _____

_____

De qué manera me impresionó: _____

_____

_____

LOS PUNTOS SOBRESALIENTES DE MI LECTURA

«Ahora, hijos míos, escúchenme, pues todos los que siguen mis caminos son felices. Escuchen mi instrucción y sean sabios; no la pasen por alto. ¡Alegres son los que me escuchan, y están atentos a mis puertas día tras día, y me esperan afuera de mi casa!»

—Proverbios 8:32-34

Traducción _____ Año _____

☐ **Domingo** Fecha _____ Todo lo que leí hoy _____

Lo mejor que marqué hoy: *Cita* _____

Pensamiento: _____

De qué manera me impresionó: _____

_____

_____

☐ **Lunes** Fecha _____ Todo lo que leí hoy _____

Lo mejor que marqué hoy: *Cita* _____

Pensamiento: _____

De qué manera me impresionó: _____

_____

_____

☐ **Martes** Fecha _____ Todo lo que leí hoy _____

Lo mejor que marqué hoy: *Cita* _____

Pensamiento: _____

De qué manera me impresionó: _____

_____

_____

☐ **Miércoles** Fecha _____ Todo lo que leí hoy _____

Lo mejor que marqué hoy: *Cita* _____

Pensamiento: _____

_____

De qué manera me impresionó: _____

_____

_____

_____

☐ **Jueves** Fecha _____ Todo lo que leí hoy _____

Lo mejor que marqué hoy: *Cita* _____

Pensamiento: _____

_____

De qué manera me impresionó: _____

_____

_____

_____

☐ **Viernes** Fecha _____ Todo lo que leí hoy _____

Lo mejor que marqué hoy: *Cita* _____

Pensamiento: _____

_____

De qué manera me impresionó: _____

_____

_____

_____

☐ **Sábado** Fecha _____ Todo lo que leí hoy _____

Lo mejor que marqué hoy: *Cita* _____

Pensamiento: _____

_____

De qué manera me impresionó: _____

_____

_____

_____

LOS PUNTOS SOBRESALIENTES DE MI LECTURA

«Ahora, hijos míos, escúchenme, pues todos los que siguen mis caminos son felices. Escuchen mi instrucción y sean sabios; no la pasen por alto. ¡Alegres son los que me escuchan, y están atentos a mis puertas día tras día, y me esperan afuera de mi casa!»

—Proverbios 8:32-34

Traducción _____ Año _____

☐ **Domingo** Fecha _____ Todo lo que leí hoy _____

Lo mejor que marqué hoy: *Cita* _____

Pensamiento: _____

_____

De qué manera me impresionó: _____

_____

_____

☐ **Lunes** Fecha _____ Todo lo que leí hoy _____

Lo mejor que marqué hoy: *Cita* _____

Pensamiento: _____

_____

De qué manera me impresionó: _____

_____

_____

☐ **Martes** Fecha _____ Todo lo que leí hoy _____

Lo mejor que marqué hoy: *Cita* _____

Pensamiento: _____

_____

De qué manera me impresionó: _____

_____

_____

☐ **Miércoles** Fecha _____ Todo lo que leí hoy _____

Lo mejor que marqué hoy: *Cita* _____

Pensamiento: _____

_____

De qué manera me impresionó: _____

_____

_____

_____

☐ **Jueves** Fecha _____ Todo lo que leí hoy _____

Lo mejor que marqué hoy: *Cita* _____

Pensamiento: _____

_____

De qué manera me impresionó: _____

_____

_____

_____

☐ **Viernes** Fecha _____ Todo lo que leí hoy _____

Lo mejor que marqué hoy: *Cita* _____

Pensamiento: _____

_____

De qué manera me impresionó: _____

_____

_____

_____

☐ **Sábado** Fecha _____ Todo lo que leí hoy _____

Lo mejor que marqué hoy: *Cita* _____

Pensamiento: _____

_____

De qué manera me impresionó: _____

_____

_____

_____

LOS PUNTOS SOBRESALIENTES DE MI LECTURA

«Ahora, hijos míos, escúchenme, pues todos los que siguen mis caminos son felices. Escuchen mi instrucción y sean sabios; no la pasen por alto. ¡Alegres son los que me escuchan, y están atentos a mis puertas día tras día, y me esperan afuera de mi casa!»

—Proverbios 8:32-34

Traducción _____ Año _____

☐ **Domingo** Fecha _____ Todo lo que leí hoy _____

Lo mejor que marqué hoy: *Cita* _____

Pensamiento: _____

De qué manera me impresionó: _____

_____

_____

☐ **Lunes** Fecha _____ Todo lo que leí hoy _____

Lo mejor que marqué hoy: *Cita* _____

Pensamiento: _____

De qué manera me impresionó: _____

_____

_____

☐ **Martes** Fecha _____ Todo lo que leí hoy _____

Lo mejor que marqué hoy: *Cita* _____

Pensamiento: _____

De qué manera me impresionó: _____

_____

_____

☐ **Miércoles** Fecha _____ Todo lo que leí hoy _____

Lo mejor que marqué hoy: *Cita* _____

Pensamiento: _____

_____

De qué manera me impresionó: _____

_____

_____

☐ **Jueves** Fecha _____ Todo lo que leí hoy _____

Lo mejor que marqué hoy: *Cita* _____

Pensamiento: _____

_____

De qué manera me impresionó: _____

_____

_____

☐ **Viernes** Fecha _____ Todo lo que leí hoy _____

Lo mejor que marqué hoy: *Cita* _____

Pensamiento: _____

_____

De qué manera me impresionó: _____

_____

_____

☐ **Sábado** Fecha _____ Todo lo que leí hoy _____

Lo mejor que marqué hoy: *Cita* _____

Pensamiento: _____

_____

De qué manera me impresionó: _____

_____

_____

LOS PUNTOS SOBRESALIENTES DE MI LECTURA

«Ahora, hijos míos, escúchenme, pues todos los que siguen mis caminos son felices. Escuchen mi instrucción y sean sabios; no la pasen por alto. ¡Alegres son los que me escuchan, y están atentos a mis puertas día tras día, y me esperan afuera de mi casa!»

—Proverbios 8:32-34

Traducción _____ Año _____

☐ **Domingo** Fecha _____ Todo lo que leí hoy _____

Lo mejor que marqué hoy: *Cita* _____

Pensamiento: _____

_____

De qué manera me impresionó: _____

_____

_____

☐ **Lunes** Fecha _____ Todo lo que leí hoy _____

Lo mejor que marqué hoy: *Cita* _____

Pensamiento: _____

_____

De qué manera me impresionó: _____

_____

_____

☐ **Martes** Fecha _____ Todo lo que leí hoy _____

Lo mejor que marqué hoy: *Cita* _____

Pensamiento: _____

_____

De qué manera me impresionó: _____

_____

_____

☐ **Miércoles** Fecha _____ Todo lo que leí hoy _____

Lo mejor que marqué hoy: *Cita* _____

Pensamiento: _____

_____

De qué manera me impresionó: _____

_____

_____

☐ **Jueves** Fecha _____ Todo lo que leí hoy _____

Lo mejor que marqué hoy: *Cita* _____

Pensamiento: _____

_____

De qué manera me impresionó: _____

_____

_____

☐ **Viernes** Fecha _____ Todo lo que leí hoy _____

Lo mejor que marqué hoy: *Cita* _____

Pensamiento: _____

_____

De qué manera me impresionó: _____

_____

_____

☐ **Sábado** Fecha _____ Todo lo que leí hoy _____

Lo mejor que marqué hoy: *Cita* _____

Pensamiento: _____

_____

De qué manera me impresionó: _____

_____

_____

LOS PUNTOS SOBRESALIENTES DE MI LECTURA

«Ahora, hijos míos, escúchenme, pues todos los que siguen mis caminos son felices. Escuchen mi instrucción y sean sabios; no la pasen por alto. ¡Alegres son los que me escuchan, y están atentos a mis puertas día tras día, y me esperan afuera de mi casa!»

—Proverbios 8:32-34

Traducción _____ Año _____

☐ **Domingo** Fecha _____ Todo lo que leí hoy _____

Lo mejor que marqué hoy: *Cita* _____

Pensamiento: _____

_____

De qué manera me impresionó: _____

_____

_____

☐ **Lunes** Fecha _____ Todo lo que leí hoy _____

Lo mejor que marqué hoy: *Cita* _____

Pensamiento: _____

_____

De qué manera me impresionó: _____

_____

_____

☐ **Martes** Fecha _____ Todo lo que leí hoy _____

Lo mejor que marqué hoy: *Cita* _____

Pensamiento: _____

_____

De qué manera me impresionó: _____

_____

_____

□ **Miércoles** Fecha _____ Todo lo que leí hoy _____

Lo mejor que marqué hoy: *Cita* _____

Pensamiento: _____

_____

De qué manera me impresionó: _____

_____

_____

□ **Jueves** Fecha _____ Todo lo que leí hoy _____

Lo mejor que marqué hoy: *Cita* _____

Pensamiento: _____

_____

De qué manera me impresionó: _____

_____

_____

□ **Viernes** Fecha _____ Todo lo que leí hoy _____

Lo mejor que marqué hoy: *Cita* _____

Pensamiento: _____

_____

De qué manera me impresionó: _____

_____

_____

□ **Sábado** Fecha _____ Todo lo que leí hoy _____

Lo mejor que marqué hoy: *Cita* _____

Pensamiento: _____

_____

De qué manera me impresionó: _____

_____

_____

LOS PUNTOS SOBRESALIENTES DE MI LECTURA

«Ahora, hijos míos, escúchenme, pues todos los que siguen mis caminos son felices. Escuchen mi instrucción y sean sabios; no la pasen por alto. ¡Alegres son los que me escuchan, y están atentos a mis puertas día tras día, y me esperan afuera de mi casa!»

—Proverbios 8:32-34

Traducción _____ Año _____

☐ **Domingo** Fecha _____ Todo lo que leí hoy _____

Lo mejor que marqué hoy: *Cita* _____

Pensamiento: _____

De qué manera me impresionó: _____

☐ **Lunes** Fecha _____ Todo lo que leí hoy _____

Lo mejor que marqué hoy: *Cita* _____

Pensamiento: _____

De qué manera me impresionó: _____

☐ **Martes** Fecha _____ Todo lo que leí hoy _____

Lo mejor que marqué hoy: *Cita* _____

Pensamiento: _____

De qué manera me impresionó: _____

☐ **Miércoles** Fecha _____ Todo lo que leí hoy _____

Lo mejor que marqué hoy: *Cita* _____

Pensamiento: _____

De qué manera me impresionó: _____

_____

_____

☐ **Jueves** Fecha _____ Todo lo que leí hoy _____

Lo mejor que marqué hoy: *Cita* _____

Pensamiento: _____

De qué manera me impresionó: _____

_____

_____

☐ **Viernes** Fecha _____ Todo lo que leí hoy _____

Lo mejor que marqué hoy: *Cita* _____

Pensamiento: _____

De qué manera me impresionó: _____

_____

_____

☐ **Sábado** Fecha _____ Todo lo que leí hoy _____

Lo mejor que marqué hoy: *Cita* _____

Pensamiento: _____

De qué manera me impresionó: _____

_____

_____

LOS PUNTOS SOBRESALIENTES DE MI LECTURA

«Ahora, hijos míos, escúchenme, pues todos los que siguen mis caminos son felices. Escuchen mi instrucción y sean sabios; no la pasen por alto. ¡Alegres son los que me escuchan, y están atentos a mis puertas día tras día, y me esperan afuera de mi casa!»

—Proverbios 8:32-34

Traducción _____ Año _____

☐ **Domingo** Fecha _____ Todo lo que leí hoy _____

Lo mejor que marqué hoy: *Cita* _____

Pensamiento: _____

_____

De qué manera me impresionó: _____

_____

_____

☐ **Lunes** Fecha _____ Todo lo que leí hoy _____

Lo mejor que marqué hoy: *Cita* _____

Pensamiento: _____

_____

De qué manera me impresionó: _____

_____

_____

☐ **Martes** Fecha _____ Todo lo que leí hoy _____

Lo mejor que marqué hoy: *Cita* _____

Pensamiento: _____

_____

De qué manera me impresionó: _____

_____

_____

☐ **Miércoles** Fecha _____   Todo lo que leí hoy _____

Lo mejor que marqué hoy: *Cita* _____

Pensamiento: _____

_____

De qué manera me impresionó: _____

_____

_____

☐ **Jueves** Fecha _____   Todo lo que leí hoy _____

Lo mejor que marqué hoy: *Cita* _____

Pensamiento: _____

_____

De qué manera me impresionó: _____

_____

_____

☐ **Viernes** Fecha _____   Todo lo que leí hoy _____

Lo mejor que marqué hoy: *Cita* _____

Pensamiento: _____

_____

De qué manera me impresionó: _____

_____

_____

☐ **Sábado** Fecha _____   Todo lo que leí hoy _____

Lo mejor que marqué hoy: *Cita* _____

Pensamiento: _____

_____

De qué manera me impresionó: _____

_____

_____

LOS PUNTOS SOBRESALIENTES DE MI LECTURA

«Ahora, hijos míos, escúchenme, pues todos los que siguen mis caminos son felices. Escuchen mi instrucción y sean sabios; no la pasen por alto. ¡Alegres son los que me escuchan, y están atentos a mis puertas día tras día, y me esperan afuera de mi casa!»

—PROVERBIOS 8:32-34

Traducción _____ Año _____

☐ **Domingo** Fecha _____ Todo lo que leí hoy _____

Lo mejor que marqué hoy: *Cita* _____

Pensamiento: _____

_____

De qué manera me impresionó: _____

_____

_____

☐ **Lunes** Fecha _____ Todo lo que leí hoy _____

Lo mejor que marqué hoy: *Cita* _____

Pensamiento: _____

_____

De qué manera me impresionó: _____

_____

_____

☐ **Martes** Fecha _____ Todo lo que leí hoy _____

Lo mejor que marqué hoy: *Cita* _____

Pensamiento: _____

_____

De qué manera me impresionó: _____

_____

_____

☐ **Miércoles** Fecha _____ Todo lo que leí hoy _____

Lo mejor que marqué hoy: *Cita* _____

Pensamiento: _____

_____

De qué manera me impresionó: _____

_____

_____

☐ **Jueves** Fecha _____ Todo lo que leí hoy _____

Lo mejor que marqué hoy: *Cita* _____

Pensamiento: _____

_____

De qué manera me impresionó: _____

_____

_____

☐ **Viernes** Fecha _____ Todo lo que leí hoy _____

Lo mejor que marqué hoy: *Cita* _____

Pensamiento: _____

_____

De qué manera me impresionó: _____

_____

_____

☐ **Sábado** Fecha _____ Todo lo que leí hoy _____

Lo mejor que marqué hoy: *Cita* _____

Pensamiento: _____

_____

De qué manera me impresionó: _____

_____

_____

LOS PUNTOS SOBRESALIENTES DE MI LECTURA

«Ahora, hijos míos, escúchenme, pues todos los que siguen mis caminos son felices. Escuchen mi instrucción y sean sabios; no la pasen por alto. ¡Alegres son los que me escuchan, y están atentos a mis puertas día tras día, y me esperan afuera de mi casa!»

—Proverbios 8:32-34

Traducción _____ Año _____

☐ **Domingo** Fecha _____ Todo lo que leí hoy _____

Lo mejor que marqué hoy: *Cita* _____

Pensamiento: _____

De qué manera me impresionó: _____

_____

_____

☐ **Lunes** Fecha _____ Todo lo que leí hoy _____

Lo mejor que marqué hoy: *Cita* _____

Pensamiento: _____

De qué manera me impresionó: _____

_____

_____

☐ **Martes** Fecha _____ Todo lo que leí hoy _____

Lo mejor que marqué hoy: *Cita* _____

Pensamiento: _____

De qué manera me impresionó: _____

_____

_____

☐ **Miércoles** Fecha _____ Todo lo que leí hoy _____

Lo mejor que marqué hoy: *Cita* _____

Pensamiento: _____

_____

De qué manera me impresionó: _____

_____

_____

☐ **Jueves** Fecha _____ Todo lo que leí hoy _____

Lo mejor que marqué hoy: *Cita* _____

Pensamiento: _____

_____

De qué manera me impresionó: _____

_____

_____

☐ **Viernes** Fecha _____ Todo lo que leí hoy _____

Lo mejor que marqué hoy: *Cita* _____

Pensamiento: _____

_____

De qué manera me impresionó: _____

_____

_____

☐ **Sábado** Fecha _____ Todo lo que leí hoy _____

Lo mejor que marqué hoy: *Cita* _____

Pensamiento: _____

_____

De qué manera me impresionó: _____

_____

_____

LOS PUNTOS SOBRESALIENTES DE MI LECTURA

«Ahora, hijos míos, escúchenme, pues todos los que siguen mis caminos son felices. Escuchen mi instrucción y sean sabios; no la pasen por alto. ¡Alegres son los que me escuchan, y están atentos a mis puertas día tras día, y me esperan afuera de mi casa!»

—Proverbios 8:32-34

Traducción _____ Año _____

☐ **Domingo** Fecha _____ Todo lo que leí hoy _____

Lo mejor que marqué hoy: *Cita* _____

Pensamiento: _____

_____

De qué manera me impresionó: _____

_____

_____

☐ **Lunes** Fecha _____ Todo lo que leí hoy _____

Lo mejor que marqué hoy: *Cita* _____

Pensamiento: _____

_____

De qué manera me impresionó: _____

_____

_____

☐ **Martes** Fecha _____ Todo lo que leí hoy _____

Lo mejor que marqué hoy: *Cita* _____

Pensamiento: _____

_____

De qué manera me impresionó: _____

_____

_____

☐ **Miércoles** Fecha _____ Todo lo que leí hoy _____

Lo mejor que marqué hoy: *Cita* _____

Pensamiento: _____

_____

De qué manera me impresionó: _____

_____

_____

☐ **Jueves** Fecha _____ Todo lo que leí hoy _____

Lo mejor que marqué hoy: *Cita* _____

Pensamiento: _____

_____

De qué manera me impresionó: _____

_____

_____

☐ **Viernes** Fecha _____ Todo lo que leí hoy _____

Lo mejor que marqué hoy: *Cita* _____

Pensamiento: _____

_____

De qué manera me impresionó: _____

_____

_____

☐ **Sábado** Fecha _____ Todo lo que leí hoy _____

Lo mejor que marqué hoy: *Cita* _____

Pensamiento: _____

_____

De qué manera me impresionó: _____

_____

_____

HOJA DE ORACIÓN

PETICIÓN	LA RESPUESTA DE DIOS

HOJA DE ORACIÓN

PETICIÓN	LA RESPUESTA DE DIOS

MI PROGRESO EN LA LECTURA

ANTIGUO TESTAMENTO

Génesis 1 2 3 4 5 6 7 8 9 10 11 12 13 14 15 16 17 18 19 20 21 22 23 24 25 26 27 28 29 30 31 32 33 34 35 36 37 38 39 40 41 42 43 44 45 46 47 48 49 50

Éxodo 1 2 3 4 5 6 7 8 9 10 11 12 13 14 15 16 17 18 19 20 21 22 23 24 25 26 27 28 29 30 31 32 33 34 35 36 37 38 39 40

Levítico 1 2 3 4 5 6 7 8 9 10 11 12 13 14 15 16 17 18 19 20 21 22 23 24 25 26 27

Números 1 2 3 4 5 6 7 8 9 10 11 12 13 14 15 16 17 18 19 20 21 22 23 24 25 26 27 28 29 30 31 32 33 34 35 36

Deuteronomio 1 2 3 4 5 6 7 8 9 10 11 12 13 14 15 16 17 18 19 20 21 22 23 24 25 26 27 28 29 30 31 32 33 34

Josué 1 2 3 4 5 6 7 8 9 10 11 12 13 14 15 16 17 18 19 20 21 22 23 24

Jueces 1 2 3 4 5 6 7 8 9 10 11 12 13 14 15 16 17 18 19 20 21

Rut 1 2 3 4

1 Samuel 1 2 3 4 5 6 7 8 9 10 11 12 13 14 15 16 17 18 19 20 21 22 23 24 25 26 27 28 29 30 31

2 Samuel 1 2 3 4 5 6 7 8 9 10 11 12 13 14 15 16 17 18 19 20 21 22 23 24

1 Reyes 1 2 3 4 5 6 7 8 9 10 11 12 13 14 15 16 17 18 19 20 21 22

2 Reyes 1 2 3 4 5 6 7 8 9 10 11 12 13 14 15 16 17 18 19 20 21 22 23 24 25

1 Crónicas 1 2 3 4 5 6 7 8 9 10 11 12 13 14 15 16 17 18 19 20 21 22 23 24 25 26 27 28 29

2 Crónicas 1 2 3 4 5 6 7 8 9 10 11 12 13 14 15 16 17 18 19 20 21 22 23 24 25 26 27 28 29 30 31 32 33 34 35 36

Esdras 1 2 3 4 5 6 7 8 9 10

Nehemías 1 2 3 4 5 6 7 8 9 10 11 12 13

Ester 1 2 3 4 5 6 7 8 9 10

Job 1 2 3 4 5 6 7 8 9 10 11 12 13 14 15 16 17 18 19 20 21 22 23 24 25 26 27 28 29 30 31 32 33 34 35 36 37 38 39 40 41 42

Salmos 1 2 3 4 5 6 7 8 9 10 11 12 13 14 15 16 17 18 19 20 21 22 23 24 25 26 27 28 29 30 31 32 33 34 35 36 37 38 39 40 41 42 43 44 45 46 47 48 49 50 51 52 53 54 55 56 57 58 59 60 61 62 63 64 65 66 67 68 69 70 71 72 73 74 75 76 77 78 79 80 81 82 83 84 85 86 87 88 89 90 91 92 93 94 95 96 97 98 99 100 101 102 103 104 105 106 107 108 109 110 111 112 113 114 115 116 117 118 119 120 121 122 123 124 125 126 127 128 129 130 131 132 133 134 135 136 137 138 139 140 141 142 143 144 145 146 147 148 149 150

Proverbios 1 2 3 4 5 6 7 8 9 10 11 12 13 14 15 16 17 18 19 20 21 22 23 24 25 26 27 28 29 30 31

Eclesiastés 1 2 3 4 5 6 7 8 9 10 11 12

Cantares 1 2 3 4 5 6 7 8

Isaías 1 2 3 4 5 6 7 8 9 10 11 12 13 14 15 16 17 18 19 20 21 22 23 24 25 26 27 28 29 30 31 32 33 34 35 36 37 38 39 40 41 42 43 44 45 46 47 48 49 50 51 52 53 54 55 56 57 58 59 60 61 62 63 64 65 66

Jeremías 1 2 3 4 5 6 7 8 9 10 11 12 13 14 15 16 17 18 19 20 21 22 23 24 25 26 27 28 29 30 31 32 33 34 35 36 37 38 39 40 41 42 43 44 45 46 47 48 49 50 51 52

Lamentaciones 1 2 3 4 5

Ezequiel	1 2 3 4 5 6 7 8 9 10 11 12 13 14 15 16 17 18 19 20 21 22 23 24 25 26 27 28 29 30 31 32 33 34 35 36 37 38 39 40 41 42 43 44 45 46 47 48
Daniel	1 2 3 4 5 6 7 8 9 10 11 12
Oseas	1 2 3 4 5 6 7 8 9 10 11 12 13 14
Joel	1 2 3
Amós	1 2 3 4 5 6 7 8 9
Abdías	1
Jonás	1 2 3 4
Miqueas	1 2 3 4 5 6 7
Nahúm	1 2 3
Habacuc	1 2 3
Sofonías	1 2 3
Hageo	1 2
Zacarías	1 2 3 4 5 6 7 8 9 10 11 12 13 14
Malaquías	1 2 3 4

NUEVO TESTAMENTO

Mateo	1 2 3 4 5 6 7 8 9 10 11 12 13 14 15 16 17 18 19 20 21 22 23 24 25 26 27 28
Marcos	1 2 3 4 5 6 7 8 9 10 11 12 13 14 15 16
Lucas	1 2 3 4 5 6 7 8 9 10 11 12 13 14 15 16 17 18 19 20 21 22 23 24
Juan	1 2 3 4 5 6 7 8 9 10 11 12 13 14 15 16 17 18 19 20 21
Hechos	1 2 3 4 5 6 7 8 9 10 11 12 13 14 15 16 17 18 19 20 21 22 23 24 25 26 27 28
Romanos	1 2 3 4 5 6 7 8 9 10 11 12 13 14 15 16
1 Corintios	1 2 3 4 5 6 7 8 9 10 11 12 13 14 15 16
2 Corintios	1 2 3 4 5 6 7 8 9 10 11 12 13
Gálatas	1 2 3 4 5 6
Efesios	1 2 3 4 5 6
Filipenses	1 2 3 4
Colosenses	1 2 3 4
1 Tesalonicenses	1 2 3 4 5
2 Tesalonicenses	1 2 3
1 Timoteo	1 2 3 4 5 6
2 Timoteo	1 2 3 4
Tito	1 2 3
Filemón	1
Hebreos	1 2 3 4 5 6 7 8 9 10 11 12 13
Santiago	1 2 3 4 5
1 Pedro	1 2 3 4 5
2 Pedro	1 2 3
1 Juan	1 2 3 4 5
2 Juan	1
3 Juan	1
Judas	1
Apocalipsis	1 2 3 4 5 6 7 8 9 10 11 12 13 14 15 16 17 18 19 20 21 22

NOTAS

1. *Gran diccionario usual de la lengua española*, Larousse, s.v. «íntegro, a», «integridad».

navigators™
Church Ministries

NCM se enfoca en ayudar a las iglesias a llegar a ser más deliberadas en cuanto al discipulado y el alcance. El personal de NCM ayuda a pastores, líderes de iglesia y obreros en todas partes de los Estados Unidos a desarrollar una estrategia eficaz y personalizada para lograr la gran comisión.

NCM trabaja lado a lado con la iglesia local para aumentar culturas deliberadas, hacedoras de discípulos, como se refleja en la siguiente ilustración:

Creciendo culturas *deliberadas,* hacedoras de discípulos
Un proceso para ayudar a las iglesias a enviar obreros a sus comunidades

NCM también ofrece cursos, materiales y adiestramiento para ayudar a la iglesia local a ver florecer el discipulado en generaciones sucesivas. Visite nuestra página web para más información acerca de cómo NCM puede ayudarle.

www.navigatorchurchministries.org
o envíe un correo a ncm@navigators.org
o llame a la oficina de NCM al (719) 594-2446
o escriba al PO Box 6000, Colorado Springs, CO 80934

CP1160

LA SERIE 2:7
es una herramienta útil y eficaz en el desarrollo de discípulos

CRECIENDO FIRMES EN LA FAMILIA DE DIOS

El primer libro de LA SERIE 2:7 le ayudará a construir cimientos sólidos para la vida cristiana. Su vida será enriquecida por el estudio bíblico, la memorización de versículos y la interacción grupal. El enfoque bíblico y práctico de este libro de discipulado producirá cambios permanentes en su vida y en su caminar con Dios.

ISBN 978-1-63146-722-6

CULTIVANDO RAÍCES EN LA FAMILIA DE DIOS

El segundo libro de LA SERIE 2:7 le enseñará a poner a Cristo como el Señor de su vida. Usted descubrirá lo fácil que es alcanzar a otros al repasar la narrativa de su propia vida espiritual y compartirla con los demás.

ISBN 978-1-63146-723-3

DANDO FRUTO EN LA FAMILIA DE DIOS

El tercer libro de LA SERIE 2:7 le guiará a través de una simple pero efectiva manera de explicar el evangelio a otros para ayudarle a ser un miembro útil y fructífero dentro de la familia de Dios.

ISBN 978-1-63146-724-0

Para más información visite **WWW.SERIE2-7.COM**.
Disponible en tiendas o en Internet

TYNDALEESPANOL.COM | TYNDALE.COM

CP1148